ジル・クレマン連続講演会録

庭師と旅人

Le jardinier et le voyageur

「動いている庭」から「第三風景」へ

Du jardin en mouvement au tiers-paysage

ジル・クレマン 著
Gilles Clément

秋山 研吉 訳
Kenkichi Akiyama

エマニュエル・マレス 編
Emmanuel Marès

ジル・クレマン連続講演会

Gilles Clément, un jardinier français au Japon

2015年 2月 21日（土）、2月 23日（月）、2月 27日（金）

2015年初春、ジル・クレマン氏の主著『動いている庭』の日本語訳がみすず書房から刊行されたのに合わせて、総合地球環境学研究所主催で「ジル・クレマン連続講演会」が開催された。

東京と京都で計3回行なわれた講演でクレマン氏が語った言葉は、再構成のうえで本書に全文が収録されている。

会場	日仏会館（東京）、総合地球環境学研究所（京都）、 アンスティチュ・フランセ関西ー京都（京都）
主催・共催	総合地球環境学研究所 / 日仏会館 / アンスティチュ・フランセ関西ー京都 / みすず書房

I

都市のビオロジー
La biologie urbaine

2015年2月21日（土）16:00 - 18:00

日仏会館 1階ホール（東京）

パネリスト：山内 朋樹（関西大学）

司会：シルヴィ・ブロッソー（早稲田大学）

※肩書は全て当時

II 地球という庭

La terre comme un jardin

2015年2月23日（月）13:00 - 17:00

総合地球環境学研究所　講演室（京都）

パネリスト：篠原 徹（滋賀県立琵琶湖博物館館長）
　　　　　　村松 伸（地球研教授）

司会：寺田匡宏（地球研特任准教授）
　　　エマニュエル・マレス（地球研研究支援員）

※肩書は全て当時

Ⅲ 庭のかたちが生まれるとき

Quand le jardin prend forme

2015年2月27日（金）18:00 – 20:00

アンスティチュ・フランセ関西―京都 稲畑ホール（京都）

パネリスト：田瀬 理夫（プランタゴ代表）

司会：山内 朋樹（関西大学）

※肩書は全て当時

ジル・クレマン連続講演会録

庭師と旅人

Le jardinier et le voyageur

「動いている庭」から「第三風景」へ

Du jardin en mouvement au tiers-paysage

Le tiers paysage

La biologie urbaine
le 21 février 2015
Maison franco-japonaise, Tokyo

Prologue

Le travail du jardinier 庭師の仕事

ジル・クレマン

日本に初めて来ることができて、とても光栄におもいます。といってもじつは何年か前に日本の地を踏んではいるのですが、そのときは成田で飛行機を乗り継いだだけでした。今回日本を訪れてみて、日本の文化におけるものの見方と、私がふだん考えていることの間には重なるところがあるのを感じています。異なる点もありますが、いずれにしてもたくさんのことを学んでいます。これこそが旅の醍醐味でしょう。

予定している3回の講演で、私の仕事をさまざまに異なる相から紹介していきたいとおもいますが、はじめに庭師の仕事は景観のデザインとはどうちがうのか、私の考えを述べましょう。

自分は《庭師》である、と私は言うことにしているのですが、それはなぜか？　景観デザイナーは生命を持たないものからでも景観を構想することができます。コンクリート、木材、金属などですね。それに対して庭師はつねに生きているものが相手です。この生きているものが時間のなかでどのように移り変わるか、これが庭師には一番大事なことなのです。生命が見せる変化に、創意工夫に、庭師はつねにおもいをめぐらせています。

私は、建築家や都市計画の専門家の仕事に、それを補完する立場で加わることがあります。建築家の仕事にはいつも大きな感銘を受けますが、その一方で、私たち人間が寒さ暑さから身を守るためには、住居・衣服・その他文明の利器をどうしても持たねばならないのを、とても残念に感じてしまいます。植物も動物もそんなものは必要としません。人間が建てる住居は絶えず洗練されつづけ、大量の電気機器までも備えつけられています。人間とは複雑怪奇な生物ですね。日本製の機器類の精巧さに至っては、私などまったく呆然となってしまいます。人間はこうした技巧の追求をどこまで続けるつもりなのか、考えずにはいられません。たぬきみたいに地面に掘った穴に住みたいとはおもいませんが、それでも動物の暮らしのほうがずっと優れているように見えます。

自分の職分のなかで生命という側面を最優先することに決めたのは、生命こそがこの星にとってもっとも貴重であり、しかもそれが危機にさらされているということが、エコロジー運動の広まりにともなって明らかになってきたからです。フランスにある私の家の庭で、この危機にさらされている生命の多様性をそのままに保つことを試みました。そのために必要な技術、適度な手入れの仕方を練っているうちに、《動いている庭（le jardin en mouvement）》というコンセプトにたどりついたのです。

動いている庭において庭師がしたがうのは、植物の動態、そこにあらわれている植物からの合図であり、その典型が植物の物理的な移動です。「できるだけ合わせて、なるべく逆らわな

2015年2月20日　京都、円通寺庭園にて

い」。これが動いている庭における庭師の心得です。

私がかかげるコンセプトの2つめである《地球という庭（le jardin planétaire）》は、動いている庭という概念を地球全体にまで広げたものです。というのも、当然ながら生物というものは、庭という閉ざされた空間にずっととどまっているわけではないからです。昆虫や鳥などは特に、そのような境界をまったく意に介さないでしょう。

地球という庭とは、地球という星を一つの庭と見ることです。となると地球上のすべての人間は庭師だということになります。そのような役割を誰もが意識しているわけではないでしょうが、私たちの行動ひとつひとつが知らぬ間にこの地球という庭に影響を及ぼしています。私たちのすることがあらゆる生命に影響を与える。これはひとつの事実なのです。コップ一杯の水を飲む、それを排出するという行為を考えるだけで、この事実がわかるでしょう。

この地球という庭のなかで、生命の多様性が危機にあることが知られています。この危機にある多様性の受け皿となっている土地を総称して《第三風景（le tiers-paysage）》と私は呼んでいます。それは空き地、幹線道路脇の土地、アクセスが不便な土地など、要するに人が放置している土地です。第三風景には庭師はいません。その景観はさまざまですが、ひとつ共通点があります。他の土地から来た多様性を受け入れているということです。そこではある意味で未来を先取りしたシナリオが進行していると言えます。私はそれにとても興味があるのです。

Concept 1

動いている庭

庭のかたちが生まれるとき

Le jardin en mouvement

Quand le jardin prend forme
le 27 février 2015
Institut français du Japon – Kansai / Kyoto

今回の講演では、動いている庭という概念についてご説明しましょう。私が自分の土地で始めたこの試みは、これまでの私の歩みのなかではわりと初期の段階にあたるものですが、その重要性は今

note

2015年2月27日
アンスティチュ・フランセ
関西ー京都にて

自邸「谷の庭」で作業をするジル・クレマン（ドキュメンタリー映画《動いている庭》より）

日でも変わることはありません。

日本へ来てから、私の仕事の形式的な部分にかかわる質問をよく受けました。昔ながらの様式にのっとったデザインをすることもありますか？と。ええ、たしかに古典様式さながらのシンメトリックな構造のラインを用いることもあります。ですがそれはあくまで例外で、しかるべき理由があるときだけです。私が庭を構想するその方法は、フランスの伝統文化とも日本の文化ともまったく異なるものです。

この点をわかっていただくために、まず私が手がけた公共のプロジェクトを2つ紹介しましょう。昔ながらのフランス流に影響された、古典的で、格式張っていて、構成を重んじる傾向の強いプロジェクトです。当時の私は、自分の土地で動いている庭の試みを始めたばかりで、それを公に提案するのに必要なだけの解決策をまだすっかり見つけてはいませんでした。過渡期にあったのです。

01: 古典建築をなぞったヴァルワール修道院の庭

ヴァルワール修道院と進化の庭

フランス北部アルグルにあるシトー会のヴァルワール修道院は、18世紀に火災にあいましたが同じ時代のうちに、中心軸から左右対称に構成される純古典主義様式で再建されました。この建物と10ヘクタールの庭園は、現在ではカルチャーセンターとして利用されています。庭園部分にはかつて修道院の庭だった痕跡が残っていなかったので、建物のファサードと調和するようにデザインを提案しました。前庭は傾斜した広い草地になっていましたが、大幅に手を加えて、建築において表されている秩序を庭にも取り入れるようにしました［01、04］。ひとつは修道院の中庭のような四角い花壇で、これは、この庭園にあるすべての植物を一覧できる、いわば目録になっています［02］。もうひとつはバラ園です。これら2つの空間は古典建築をなぞっていす。しかし中心軸からはなれるにしたがってようすが大きく変わって

note

L'abbaye de Valloires, Argoule

構想：ジル・クレマン
協力：アカント工房、フィリップ・ニエズ、クリストフ・ポンソー
出資：ピカルディー海岸整備組合（SMACOPI）
面積：10 ヘクタール
場所：アルグル
施工年：1987-1989 年

03

02

きます。

　形式的な色合いが弱まるほうへと移る小道沿いには、「マウント・フジ」とよばれる日本のサクラ（*Prunus shirotae*）が植えられています［03］。これはまだ、動いている庭ではありません。むしろイングリッシュ・ガーデンに近いといえますが、草本性の植物から、低木、そしてアカハダメグスリノキ（*Acer griseum*）やアメリカシラカンバ（*Betula papyrifera*）のような庭木まで、とても多様な植物を用いることはこのころからやっていました。低くなったところには水路が流れています。これは修道院時代からあったのかもしれません。

　離れた一画には、ほかと趣の異なる庭園があります。これは世界で初めて進化説を唱えた偉大な生物学者ジャン＝バティスト・ド・ラマルク（1744―1829）に献じられたものです。ラマルクはみずからの学説をダーウィンに先駆けること50年、1802年に発表しました。私はここに太古の時代からある植物を配置しました。シダ類、トクサ類、それにイチョウ（*Ginkgo biloba*）です。イチョウは生きた化石ともいうべき種で、野生状態ではおそらくもう存在せず、人間の活動に媒介されることで今日も生き続けているものとおもわれます。

　起伏にそってのぼっていくと、だんだんと、より複雑な構造をもった植物があらわれてきます。なかでも、個人的に非常に深い思い入れのある植物があります。それは、私が動いている庭の原理を確立するきっかけとなったバイカルハナウド（*Heracleum mantegazzianum*）で

04

02: 花壇には庭園内のすべての植物を一覧できる／03:「マウント・フジ」とよばれるサクラの並木／04: ヴァルワール修道院のエスキース（ジル・クレマン筆）

す。ここではこの植物は進化を例証しています。イチョウが地球上にあらわれたといわれる2億7000万年前にくらべれば、こちらはわれわれに近い時代に生まれた、進化した植物なのです［05］。

05: 水路の周辺は、修道院前とは趣の異なった「進化の庭」が広がる

L'abbaye de Valloires et le jardin de l'évolution

道端に植えられたイネ科の植物（ススキやスティパ・ギガンテアなど）を見ながら進むと、部屋のように仕切られた区画が3つあって、それぞれがラマルクの考えていたことをタブローのかたちで表現しています。区画はどれも縦4メートル、横2・5メートルの長方形をしています。最初の区画が表現しているのは進化論です。石囲いで盛り上げた土の上に、古くからの植物であるコケと、もっと新しい植物であるヒナギク（*Bellis perennis*）が隣りあって植えられています［06］。

次の区画は浸食を表しています。ラマルクは地質学や土壌の組成についての研究も行なっていたからです。区画のなかはくぼんでいて、一木一草ありません。あるのは大小の岩のかけらだけです［07］。どんな大きな岩のかたまりも、時間がたつにつれて最後は細かい砂となる。そんなメッセージが意図されています。

最後、3つめの区画のテーマは雲です。ラマルクは世界で初めて雲の命名をした人でもあるのです。近くの採石場でとれた石灰岩の大きな塊が、表面を磨いたうえで組み合わせるように置かれています［08］。それぞれの塊のかたちが雲を連想させ、そのうえ晴れた日には石の表面に空が映って見えます。

ヴァルワール修道院と進化の庭は、私が手がけてきた庭のなかで、いちばんクラシカルなものと、いちばん「動いている」ものとの中間に位置しているといえるでしょう。

06

07

08

06-08: フランスの生物学者ラマルクの研究テーマであった進化、浸食、雲を３区画で表現した

レユニオン島、サン＝ドニの地域文化振興局の庭

多様性に興味をもち、それを風景に浮かび上がらせたいというおもいから、私は人々がふだん気にせず踏みつけているような草をあえて庭づくりに用いることがあります。そうした例のひとつに、マダガスカル島の東にある〔フランス領〕レユニオン島の地域文化振興局で手がけたとても小さな庭があります［09］。中央の四角の囲いに、背が低くてとてもかわいらしいイネ科の草を配置しました。ここは「草の噴水」と呼ばれています。庭の両脇には同じくイネ科のナピアグラス（*Pennisetum pupureum*）を植えました。

この噴水はきっちりと長方形になっていますが［10］、それにはわけがあるのです。要人の訪問やアート・イベントのときには、この噴水を木の板ですっぽり覆うと、舞台に早変わりするのです［11］。

ここまでに紹介した庭は、フォーマルでクラシカルな空間であることを保ちながら、ふだん誰も気に留めないような植物を目立つように見せる、という取り組みの例でした。

09

note

Jardin de la DRAC
Saint-Denis, île de la Réunion

構想：ジル・クレマン
協力：ブルノ・デゥアゼ（国立森林事務所・島）
出資：サン＝ドニ地域文化振興局（DRAC）
面積：600 平方メートル
場所：サン＝ドニ、レユニオン島
施工年：2003-2004 年

Continent Africain
Madagascar
Jardin de la DRAC
Île de la Réunion

10

11

09: イネ科の植物を配置した「草の噴水」／10: ふだん誰も気に留めないような植物を庭の中心に配置／11: 舞台に変わった「草の噴水」

谷の庭（ラ・ヴァレ）（1）

「動いている庭」の基本方針は私自身の庭から生まれました。それが「谷の庭（ラ・ヴァレ）」と呼んでいる土地です。フランスの真ん中あたりにあるこの土地を私が1977年に購入したとき、一帯は手入れのされていない藪でした。ここに石をひとつずつ積み上げて、自分の手で家を建てました［12、13］。完成するまで10年ほどかかりました。はじめから自分でやろうと思っていたわけではありませんが、やってみたらとても楽しいものでしたね。

県の整備開発部が土地の図面を届け出るように言ってきたので、私は仕方なく図面を引きましたが、それはあくまで目安にすぎません［14］。動いている庭は絶えずそのかたちを変えるので、図面とは異なってくるのです。私が先に紹介した庭とはちがって、この庭は決まったかたちをもたないのです。

La Vallée

note

Le jardin de Gilles Clément, La Vallée, Crozant, Creuse

構想：ジル・クレマン
面積：5 ヘクタール
場所：クロザン、クルーズ県
施工年：1977 年～

12

13

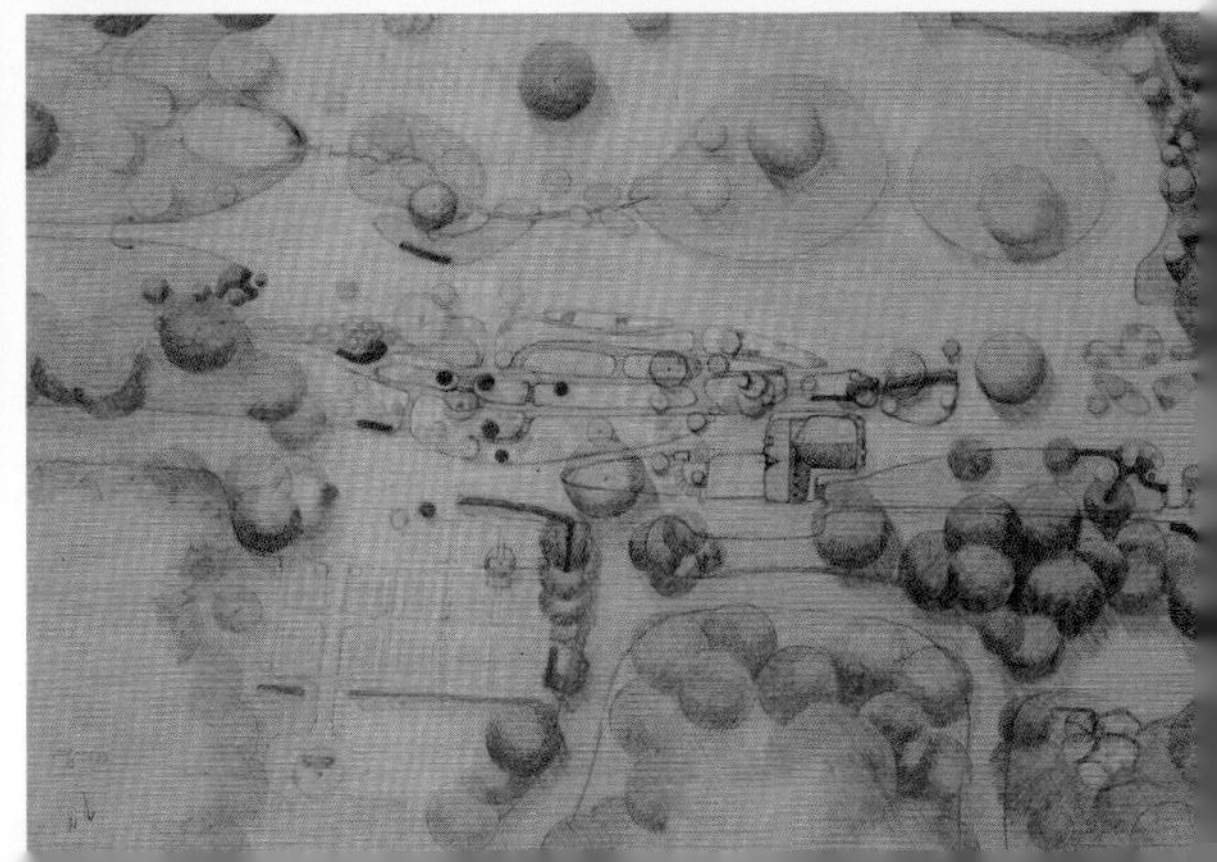

14

12: 10 年ほどかけて、自分の手で建てた自邸／13: 自邸で料理をするジル・クレマン（12、13 ともにドキュメン タリー映画《動いている庭》より）／14: 自邸「谷の庭」の図面（ジル・クレマン筆）

バイカルハナウド（*Heracleum mantegazzianum*）

バイカルハナウド

すべては、先ほどラマルクの庭のところでも取り上げた、この植物からはじまりました。バイカルハナウドです。これは外来の種で、侵略的で厄介な植物だとされています。繁殖力がつよくすぐに広がり、しかも毒があって人間の皮膚に炎症を引き起こすからです。そのため総じてひどく嫌われていますが、私は好きです。昆虫がたくさん集まるし、スパイスやミントのようなよい香りがするのです。このバイカルハナウドを切らずに生かすにはどうすればよいだろうか？　この植物が二年生であることは知っていました。ということは種子を残したあとには枯れてしまいます。バイカルハナウドはこうして庭のなかをあちこち動いていくかもしれないと私は考えました。

ある日、バイカルハナウドが通り道のまんなかに生えてきました。私は自問しました。「通り道に生えたからといって抜かねばならぬものだろうか。好きな植物ならばこのままにしてもよいのではないか」。私は残すことにしました。簡単なことです。それをよけて芝刈り機をかければよいのです。

　こうして、バイカルハナウドは旅をします。「動いている庭」ということばが嘘ではないことをこの植物が示してくれます。庭師の役目は、自然の動きについていくこと、つまり各種の植物が庭のなかを移動するのに付き添うことです。庭のかたちはその結果、たえず変わっていきます。図面とはどうしても異なってくると私が言うのはそういう意味です。図面はある時点での状態を示すにすぎません。

　バイカルハナウドは種子が散ると枯れてしまいます。けれども、種子が熟すまえに切ってしまうと、なすべき仕事がまだ終わっていないというメッセージを植物が感じとることに私は気づきました。バイカルハナウドは翌年また同じところに芽を出し、それはちゃんと熟した種子ができるまでずっと続くのです。これは、短い生命サイクルの植物を庭の要素として手入れすることで、長い生命サイクルの、多年生の植物へと変化させた、と言えます。

　もちろん、私が何もしなかったら、つまり土地をほったらかしにすれば、バイカルハナウドは二年草のサイクルを取り戻し、侵略的な植物に戻るでしょう。私の庭では、手入れをしているので侵略することはありません。

バイカルハナウドと
愛犬のカネル

リンゴの木（*Malus domestica*）

「動いている庭」が生成していく過程でバイカルハナウドの出現につぐ大きな出来事は、リンゴの木が倒れたことでした。25年前のことです。通常、木が倒れたら、切って除去します。しかし私のリンゴの木は根の一部がまだ地中に残っていたので、この状態のまま生き続けるかもしれないとおもいました。それからしばらくの間、木はもてる力を振り絞っていたのです。倒れた幹から直接新しい芽が出てきました。私はそのうちのひとつだけを残しました。今では、それがもとの幹から直角に伸びて、枝葉をふたたび広げ、実もつけるようになりました。

倒れたリンゴの木

倒れたナンキョクブナ

倒れた木は取り除かなければいけないとは限りません。その点でいうと、日本の庭で見られる横枝の支柱はとてもすばらしいとおもいます。日本では樹木が傾く、さらにはほとんど寝てしまうということが受け入れられています。フランスなら、そうした木はすべて切り倒されていたでしょう。

樹木のDNAの研究から、老化した木では、あたかも一本一本の枝が固有の遺伝情報をもつかのように、枝の遺伝子配列が頻繁に多様化されていることがわかっています。このような、枝の階層での局所的な反応が、外界から何らかの衝撃があったときにも発現していると考えられます。植物学者はこのことから、樹木は単一の生命体ではなくコロニーであると言います。同じ語がサンゴ礁に対しても用いられます。

谷の庭で、リンゴの木から何年かして、今度はチリ原産の木、ナンキョクブナ（*Nothofagus antartica*）が倒れました。このときは「枝のブーケ」になるよう剪定だけして、芽を残しました。それから20年ほどたちます。その間何もしていません。ごちゃごちゃしてきたなとおもったら少し枝を抜いたりはしていますが。剪定といえば、日本の庭師のほうが私よりずっと上手にできるでしょうけどね。

もぐら（*Talpa europaea*）

動いている庭の主要メンバー三番手は、もぐらです。私が親元で暮らしていたころは、もぐらは庭を荒らす危険な動物だとされていました。退治するためにとても危険な毒が使われました。もぐらは駆除し、殺すべきものだったのです。駆除のため撒かれたストリキニーネで、ほかの昆虫や動物もたくさん死んでしまいました。こんなことをしていったい何になるのでしょう？　ずいぶんまずいやり方です。共生することはできないものでしょうか？

以前に両親の家で、非常に強力だけれども普通に市販されている殺虫剤でアブラムシを退治していて、私はひどい目にあったことがあります。眉のところにあった傷口から有毒な粉末が血液中に入り、2日間も昏睡状態におちいりました。薬でアブラムシを殺せるのはたしかですが、それは庭師も一緒に殺せるということなのです。

のちに学校で多くのことを学ぶうちに、人間は生物の多様性に依存していることを私は知りました。人間はそれを頼って利用しているわけですが、行き当たりばったりでその多様性を破壊するようなやり方を続けていっては、いずれ行き詰まります。どうすれば均衡が保てるでしょう？　必要な美意識、理性、楽しむ気持ちといったものはどうしたら身につけられるでしょう？　動いている庭がめざすのは、生命の多様性が最大限になるように生き物を守ることです。では、もぐらと共存する庭づくりとはどのようなものか？

私は、もぐらが土を盛り上げたところに、厚い芝生では芽を出せない植物がやってきて芽を出すことに気がつきました。私は自分の庭では土を掘り返したりしないので、このようなもぐらの地面への介入のみが保っている生命の多様性がある、ということになります。たくさんの一年草や二年草がもっぱらこのようにして繁殖します。花が咲くときは周囲を圧する勢いですが、短い周期で変わっていき、やがて姿を消します。

同じような観点から私が興味深いと思うのは、自然災害です。たとえば木が倒れたり、火事で地面が灰におおわれたときです。私の庭では、刈った草などを燃やしたあとの地面に、まずコケが生えて、つぎにごくありふれた草（ビロードモウズイカ *Verbascum thapsus*）があらわれました。ありふれていても、ここではまさに主役でした。カリウムの過剰に耐えられるのが、この種だけだったからです。

ヒナゲシと
フランスギク

コナラ（*Quercus robur*）

あと一つ、もっと後になって動いている庭に起こったことを紹介しましょう。木が一本根こそぎ倒れたのです。1999年冬の大嵐のときでした。家のそばに生えていたコナラが倒れて、根のまわりの土がそっくり持ち上げられてしまいました。私はしばらくはただ驚くばかりでしたが、春になるとその土の斜面にたくさんの植物が芽を出しました。ヒナゲシ（*Papaver rhoeas*）、フランスギク（*Leucanthemum vulgare*）など、どれも興味深いものばかりでした。

急にあらわれたこれらの植物の種はどこからやって来たのでしょうか？　おそらくは、もとからここにあったけれど地中で眠っていたものでしょう。そうして環境が適した状態になるのを待っていたのです。木が倒れたことでその眠りから覚め、突如としてじゅうぶんな量の光と

ビロードモウザイカ

水を得て、芽を出したのでした。このことから言えるのは、あらゆる土地は潜在的な庭である、ということです。

この土が盛り上がった場所は範囲としては狭いながら、ダイナミックに変化していました。私は興味をひかれた植物だけ残してほかは取り除き、何もあらたには加えないことにしました。そしてこれを「引き算の手入れ」と名付けました。ただの除草とはちがいます。最初の数年は目まぐるしいほどの変化がありました。とくに春は庭師がよく目を配り何度も手を入れる必要があります。

多様な光景がつぎつぎと出現しました。たとえば竹です。それまでコナラの陰でおとなしくしていたのが、コナラが倒れたとたんものすごい速さで一面に広がりました。私は竹がすきで、竹林のなかで暮らすのも悪くないと思いましたが、結局取り除くことにしました。この竹はホテイチク（*Phyllostachys aurea*）という種でした。

ホテイチク

「なるべく合わせて、できるだけ逆らわない」

谷の庭（ラ・ヴァレ）の谷底には小さな川が流れています。最近、農家がこの土地の周囲をぐるりと農地に整備してから、水がこの川に集中するようになり、流れの勢いが以前よりかなり強くなりました。そのため水の通り道を定期的に作り直してやらないといけません。こうしたところにグンネラ（*Gunnera manicata*）を植えてみました。

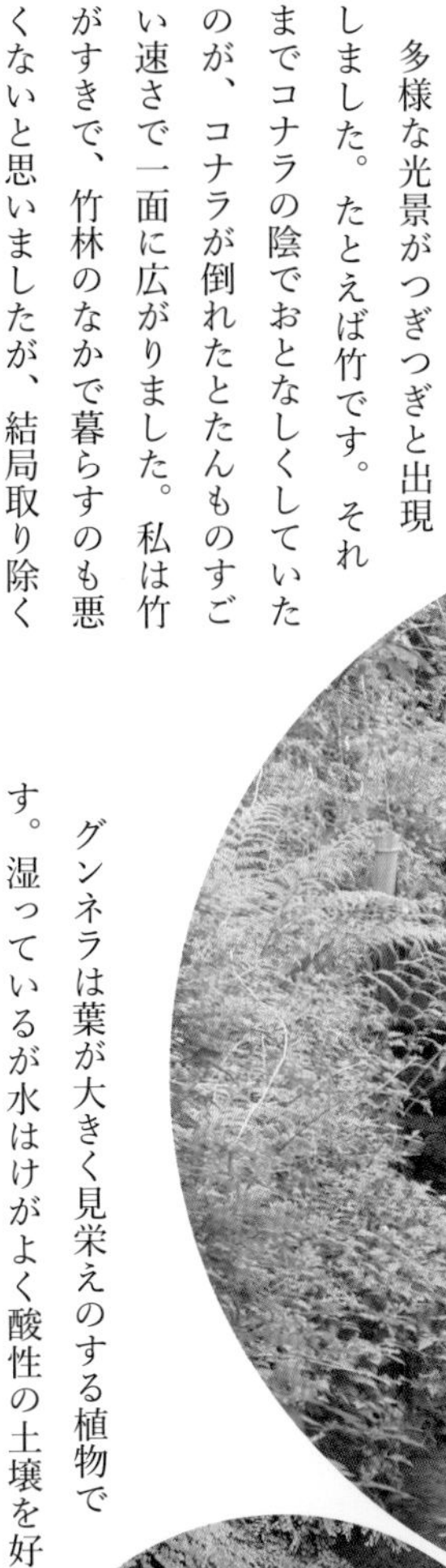

グンネラは葉が大きく見栄えのする植物です。湿っているが水はけがよく酸性の土壌を好み、南米のコスタリカからチリにかけての温暖な山地に自生します。谷の庭はこの条件にぴったり合っているので、このまま根付かせることができると私は思いました。思ったとおり、グンネラはこの土地でとても元気にしています。

私の庭には、ヨーロッパ原産ではない植物がたくさんあり、そのなかには日本から来たものもあります。たとえばヤクシマシャクナゲです。これは剪定をしなくても自然に

ヤクシマシャクナゲ

グンネラ

丸い形に育ちます。

私の庭ではカツラ（*Cercidiphyllum japonicum*）がとても大きく育ちます。ヨーロッパではこの木は8メートル以上にはならないと言われていましたが、よほど私の庭を気に入ってくれたのでしょう。今ではなんと樹高30メートルにまでなりました。カツラは私がとてもすきな木のひとつです。秋になるとほかのどの植物よりも早く葉が色づき、同じころに、カラメルのような甘い香りを放ちます。フランスでは「カラメルの木」とも呼ばれます。

ススキ（*Miscanthus sinensis*）も、日本の第三風景によくみられる植物で、私はとても気に入っています。このように、私の庭では秋になるとアジアを原産とする植物がひときわ目を引きます。ここに表されているもの、それは、地球規模での生物種の混淆がもたらす多様性の、ひとつの典型であるといえるでしょう。

谷（ラ・ヴァレ）の庭の反対側の斜面を見ると、かなり人の手が入っているのがわかります。庭のなかで目印となるように、セイヨウシデ（*Carpinus betulus*）を刈り込んで形を整えました。これはとくに冬場には大事なことで、こうすることで、それ以外の本当に動きのある部分が際立つのです。

セイヨウシデ

私は庭に棲む昆虫や動物にはとても注意しています。殺虫剤はいかなる種類のものも使いません。どんな時であっても。さらに、もししないで済むのなら水やりもしません。コストをほとんどかけずに生態系を保つやり方です。その場にあるエネルギーを借りる。それに対抗しない。そのためにはたくさんのものを受け容れることが必要です。たとえばヘビ。私は名前までつけてやります。家の床下に棲みついている大きなヘビはエドゥアルダといいます。

先ほども言いましたが、生命を優先するための方式を見つけるには困難が伴います。自然に手を加えるのであれば——庭があるということは庭師がいるということで、当然手が加えられます——生命を殺し多様性をそこなうことを避けるような方式を見つけなくてはなりません。それは見た目の美しさを整えることを否定するものではありません。問題は、生命を支えるシステムは場所と時代によって異なるので、モデルが成り立たないということです。理想的な方式というものが存在しないのです。方式が常に変化する、このことがとりわけ西洋の文化にとっては、本当の変化だといえます。何らかの方式、かたちの決まった構成をもつことに慣れているのに、このケースではそれが全然ないのですから。

ヘビのエドゥアルダ

自邸「谷の庭」で作業をするクレマン（ドキュメンタリー映画《動いている庭》より）

上：自邸「谷の庭」で作業をするクレマン／下：京都、無鄰菴庭園にて（ともにドキュメンタリー映画《動いている庭》より）

最良のもの

　動いている庭は西洋の古典的なモデルとは完全に断絶しています。その理由は簡単で、私が、様式、構造、構築などよりも生命を第一に考えているからです。生命の多様性を守ると決意した庭師、という視点で私はものごとを見ているのです。その決意を実行するための正しい設計がどのようなものか、わかりません。とにかく、眺望や空間構成を追求したり常に同じ状態を庭に強いるような設計ではないはずです。というのは、生命は新しいものを生み出し、姿を変え空間も変えていくからです。

　したがって私は西洋の伝統的な庭の概念と対立するものです。それは、生命をあたかもオブジェのように一つのかたちのなかに押しとどめようとするあらゆる試みに反対するということでもあります。この点で私は中国や日本における庭の考え方とも対立することになるかもしれません。しかしこれは同列に論じるべきではないでしょう。背景が異なるからです。

　どういうことかといいますと、歴史的にみれば庭は、最良のもの、もっとも大事なものを守る囲いとしてあったのです。砂漠を越えてきた文明は水が中心にある庭を生みました。何にもまして水が重要だったからです。イスラム庭園がまさにこのタイプで、スペインのサラセン式庭園はその影響を強く受けています。

　しかしこの最良のものが何であるかは時代とともに変遷します。ルネサンス期には、人々の視線を構造化することが重視されました。視線ははるか地平線まで、さらにはその彼方にまで及ぶ権力に通じるものでしたから、庭もそれを導いてやらなければなりません。広壮な眺望はその考えを具現化したものでした。ヴェルサイユの庭園にもそれがはっきりと見て取れます。

　ロマン主義の時代においては、劇的な要素をもつ自然が最良のものとされました。自然を舞台のように演出するために庭に展望台が設置されました。それまでとはまったく異なる発想です。

　では、今日の世界で最良のもの、もっとも大事なものは何でしょうか。庭師である私にとってそれは生命です。その存在が脅かされているからです。だから私は多様性を守るべく努めていますが、これこそが正しい設計だと言えるようなものはありません。

　この最良のものという観念が、別の文明圏、たとえば日本ではまったく異なるとらえ方をされるということは承知しています。日本ではそれは精神の領域に属するもの、土地や霊や神々に連なるものです。日本人は風景を切り取ってそこに霊的な力を付与するのです。その状態を保つには植物に手を加える必要がありますが、場合によっては、石と見事な岩を配しただけで遠く離れた風景がそこにあるかのように感じさせることも可能にしてしまいます。

　最良のものという観念は比較によって論じることができません。日本式庭園には隅々まで人の手が加えられ、非常に細かく剪定が行なわれることを私は知っていますが、だからといってショックを受けることはありません。私たちは互いに異なる関係性のなかにいるからです。私は龍安寺や円通寺の庭を見ると瞑想へと誘われます。

　何時間でもそこに座ってじっと見入ってしまいます。物理的には壁や生け垣のような境界があるのに、心はその向こうへと広がっていきます。それがこれらの庭のもつ力です。ヨーロッパにはこれに通じるようなものは一切見られません。境界という概念そのものさえ、同じ意味ではとらえられていません。それが感覚と感情におよぼすとされる役割からして異なっているのです。

アンドレ・シトロエン公園

パリのアンドレ・シトロエン公園は、公共のスペースとしてはじめて動いている庭の原理が実地に移されたところです。

当初、私はそれを公園の真ん中でやりたいと思っていましたが、その案は受け容れられませんでした。人手の入らない荒れ地、自然のダイナミズムから着想を得るなどといっても当時は不安視されるだけでした。そのようなものを取り入れるという発想がそもそもなかったのです。結局、動いている庭は公園の北西の隅に置かれることになりました［15］。

構想にあたっては、建築と造園の担当者がそれぞれチームを組み、2つのチームが共同で検討する方法をとりました。私は建築家パトリック・ベルジェとチームを組みました。もう一方のチームの造園担当は従来の形式を非常に重んじるタイプの人だったので、実質的には建築家三人に庭師一人でこのプロジェクトは行なわれたようなものでした。それがこの公園の作りこまれた感じ、建築技術の力強さとして表れています。

中央部分のいちばん造形的な庭園と動いている庭のあいだには、「連なりの庭」という、いくつもの列が平行に並んだ形をした庭がつくられています［16−18］。それぞれの列には、橙の庭、青の庭、緑の庭……というようなテーマがあります。この庭の役割として重要なのは、動いている庭という、乱雑さにあふれた場所を受け容れやすくすることです。動いている庭にあるのと同じ植物を多く取り込んで、中央の庭園と動いている庭という根本的に異なるふたつの空間の、いわば連結符となっているのです。

note

Le parc André Citroën, Paris

構想、造園設計：ジル・クレマン、アラン・プロヴォ
建築設計：パトリック・ベルジェ、J・P・ヴィギエ、J・F・ジョドリ
噴水設計：ジャン＝マックス・ロルカ
出資：パリ市公園庭園課
面積：14 ヘクタール
場所：パリ（15 区）
施工年：1986-1992 年、1992-1998 年

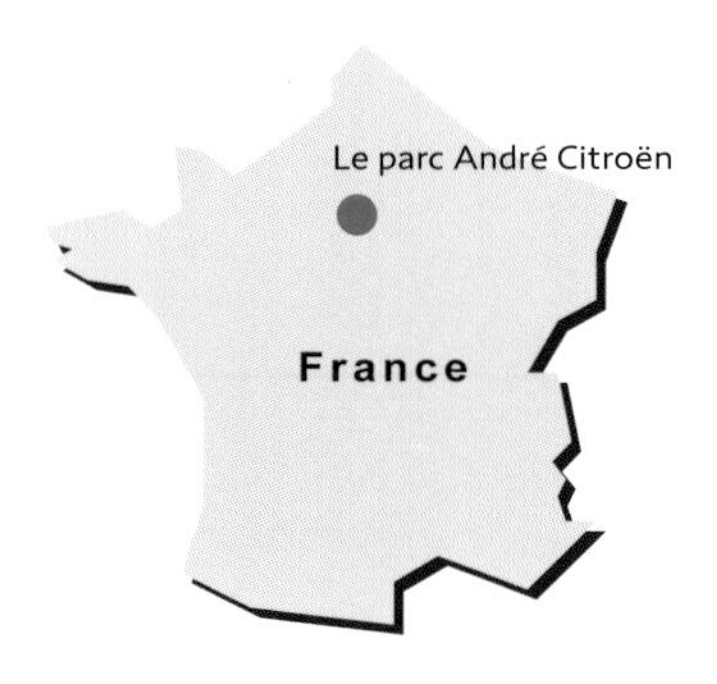

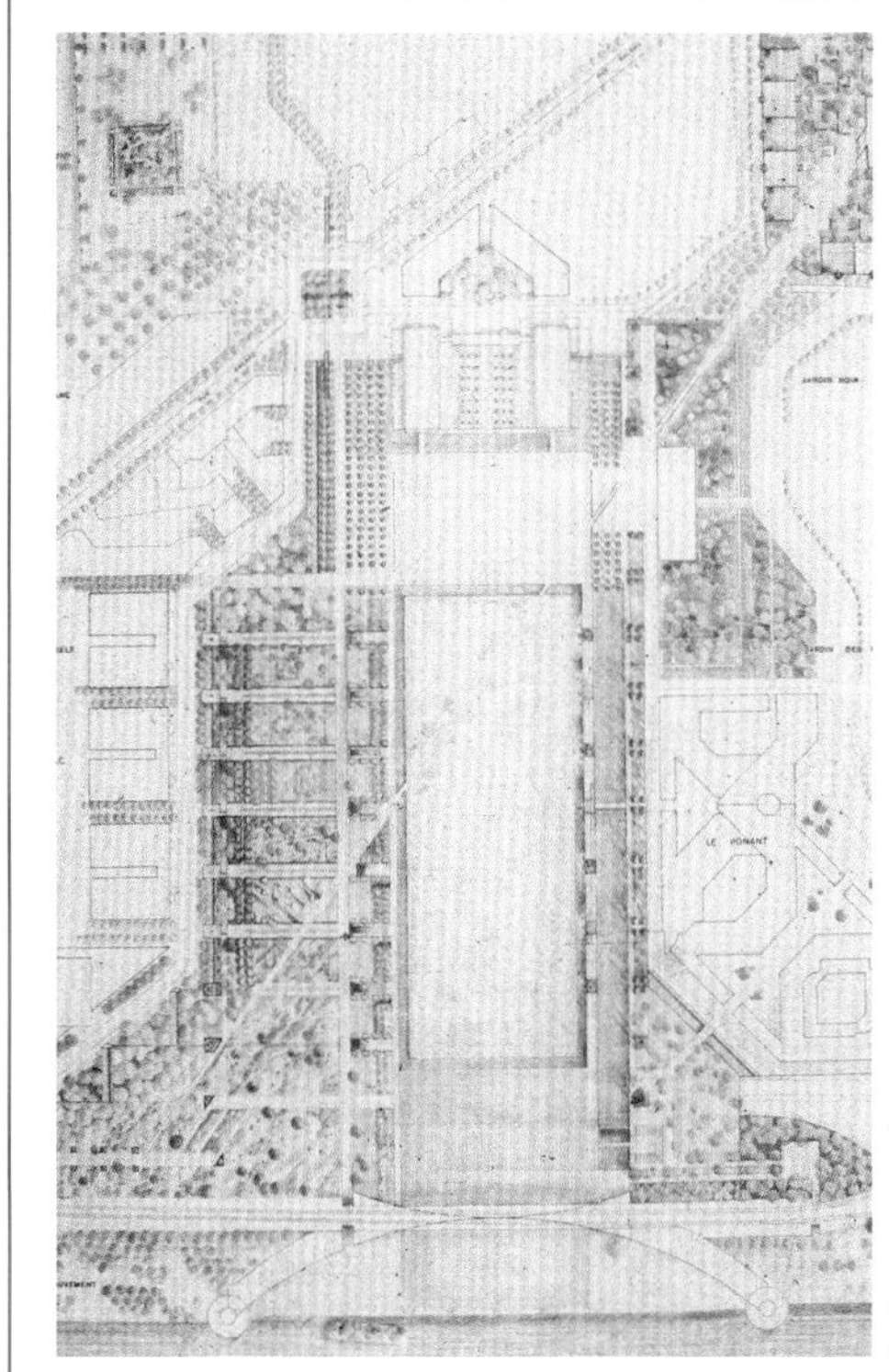

15：アンドレ・シトロエン公園の平面図。左に並ぶ長方形の空間は「連なりの庭」。左下の緑の三角は「動いている庭」

16

17

Le parc André Citroën

18

16:「連なりの庭」橙の庭／17:「連なりの庭」銀の庭／18:「連なりの庭」緑の庭

出資者の求めに応じて私は動いている庭の図面を作成しましたが、谷の庭のときと同じく何ら用をなすものではありません。実のところ、どうなるかは自分たちでもわからないのですから。したがって図面はただ渾然とした集合を定めただけで、そのなかで種まきの原則にしたがって種をまくところから庭づくりは始まったのです。

1年目、私たちは種をまき、どれが芽を出したかを実地で見ながら庭のかたちを決めていきました。このとき、実地で働く者である庭師が、庭を構想する者となるのです。このような見方には、日本と共通するところが多くあるように私は思います。庭を継続的に見続けている人が、庭のかたちを変える人、すなわち、かたちを構想する人となるというところです。デスクの上で図面を引く造園家の仕事とは大きく異なっています。実地で、その時その場に応じて働いているのです。こうして何年もの間にたくさんの植物が繁茂するようになりました。

動いている庭では、庭師が何を排除して何を残すのか選び、実地で気づいたことをもとにかたちをつくりあげていきます［19］。しかしそれがどのようになるかは年ごとに変わるものであり、時として奇妙

19: 動いている庭では実地で働く庭師がかたちをつくりあげる

な外観を呈することもあります。現在、この公園の動いている庭一帯は植物がたくさん生い茂っています。多すぎるくらいです。ですが、美的な問題は私の仕事ではいつもいちばん後回しです。そこにいかなる重要性も認めないというのではありませんが、私の仕事の指針はそこにはないのです。

　私に進むべき方向を教えてくれるもの、それは意味を問うことです。なぜそうするのか、何を意図しているのか。庭の歴史をふり返ると、いちばん中心の部分には常に何らかの主張があります。主張が特にないときは、装飾をほどこします。それはそうでしょう。醜悪・不快・地味・殺風景なものをみせるよりは、そのほうがいいに決まっていますから。しかし、ただ装飾しかしないのでは、何も主張しない、何も伝えていないのと同じです。

　生命は自らをあらわすのに、かたちにはこだわりません。だからこそ、多様性を保ち生命を保護するのに適した設計を見つけることが、とてもむずかしいのです。

　けれども一方で、生命をめぐる問題と直接につながるような美のあり方を、イメージすることは可能なはずです。アンリ・ラボリというフランスの科学者がこう言っています。「われわれはメッセージを伝えるときに、かたちを用いている」。植物も動物も、生物学的なメッセージを受けとり、それを豊かに、複雑にして送り返しています。これを私は自然の妙と呼んでいます（１００頁参照）。

　したがって、かたちや外観ではなく、生じていることの理解からくる美の感覚というものが生まれてくるはずです。メカニズムを解明し原因をつきとめるのです。毛虫を見てみると、それが鳥の餌になりうるというだけでなく、葉を食べることでその植物の生長サイクルを調整しているということまでわかります。言うなれば、生態系の理解がそれ自体ですでにひとつの美の感覚となるのです。

　最近のこと、日曜日の朝10時にアンドレ・シトロエン公園に行ってみました。人がざっと３００人ほどいましたが、歩いている人はひとりもおらず、全員が走っていました。この庭の構想を練っていたとき、走る人がこんなに来るとは思ってもみませんでした。人々が平日ずっと駆けずり回ったあげく、日曜日まで走るとは！　これらの走る人たちの踏んだ跡が庭に残りますが、庭師たちはその対応策をいずれ見出すでしょう。彼らがかたちをつくりかえて、新しいものを生みだすのです。

20: リヨン高等師範学校の庭（全景）

リヨン高等師範学校の庭

公共の場としては2つめとなる動いている庭は、リヨン高等師範学校にあります。約1000人の学生が学ぶキャンパスの真ん中には、お決まりの方法で、すなわち芝刈り機で、手入れをされている大きな芝生広場があります。これはこれで重要です。何より安心するし、学生たちがボールで遊ぶこともできます。しかしそのすぐ脇では、鎌で草を刈り、動いている庭の方法論にのっとった手入れがされています[20]。

この庭は、植物の種類はありきたりなものですが、とても動きがあります。はっきりと決められた道が何本かあるほかは、通り道のほとんどが植物の動きによってできたものであり、したがって毎年変わります。

こうして植物があちらこちらでぐんぐん育っているのをみて、来園者は戸惑い、悪いように解釈してしまうかもしれません。そこで境目の処置をどうするかが大切になってきます。この乱雑さは意図されたも

note

L'École Normale Supérieure, Lyon

構想：ジル・クレマン、ギヨーム・ジョフロワ＝ドゥショーム
出資：リヨン高等師範学校、教育省、ゴーダン建築事務所
面積：5ヘクタール
場所：リヨン
施工：2001年

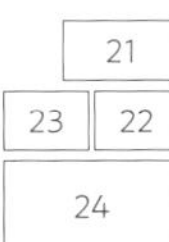

21: リヨン高等師範学校の平面図／22: 通り道のほとんどが植物の動きによって毎年変わる／23: 大鎌で草を刈り、自然乾燥してからヒツジのエサになる／24: 動いている庭を理解してもらうためには、境目の処置が大切

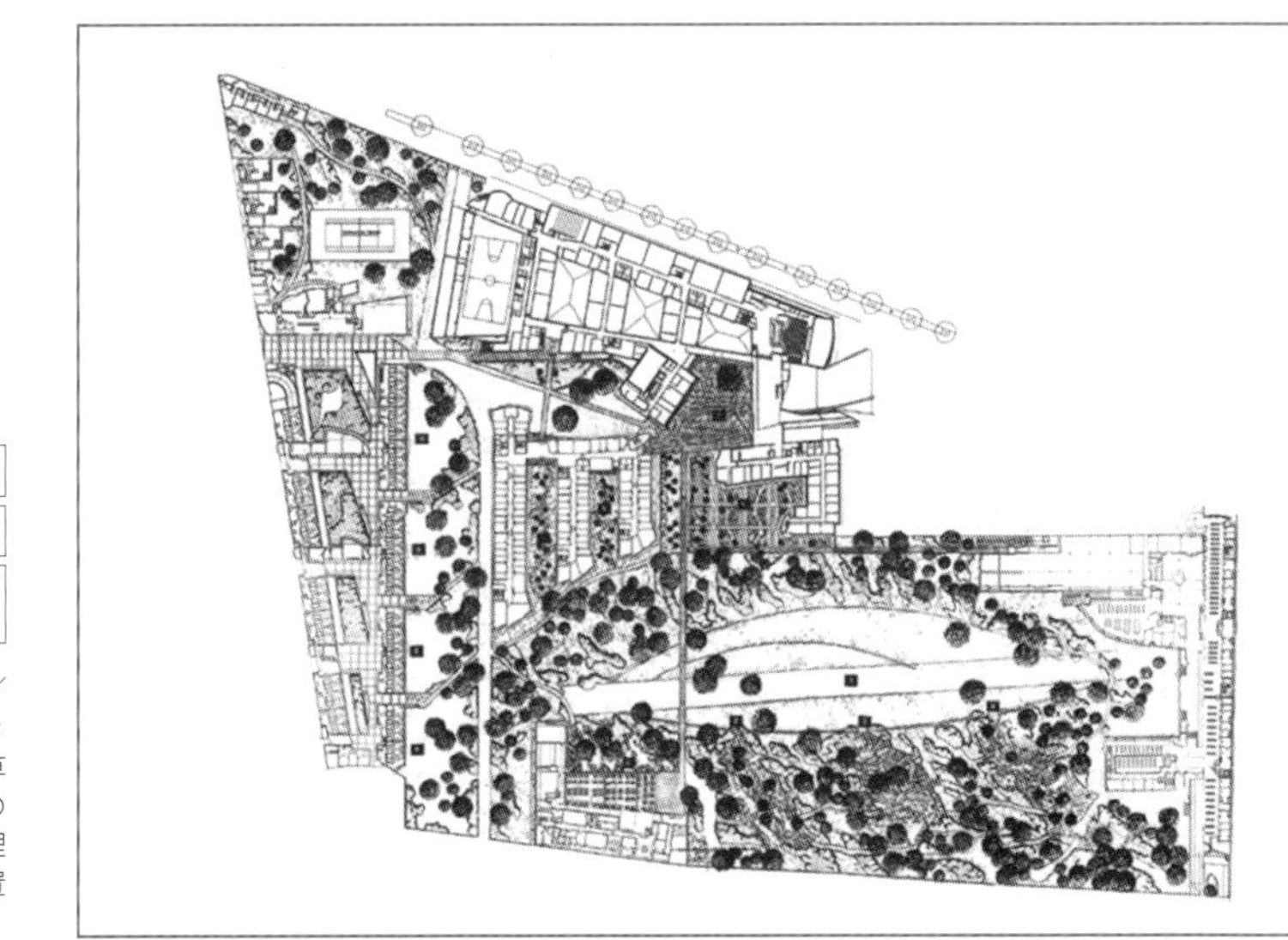

のであって放置しているのではないということを知ってもらうための方法です［22、24］。

ミシェル・サルムロンという、ここの世話をする庭師は動いている庭のコンセプトをとてもよく理解してくれました。彼はモウズイカ（*Verbascum blattaria L.*）やビロードモウズイカ（*Verbascum thapsus*）のような、生える場所が毎年変わる草を庭に迎え入れました。エレムルス（*Eremurus robustus*）あるいはヒマラヤのエレムルス（*Eremurus himalayacus*）は場所を変えませんが、一方で動きが活発なものとして、とくにジギタリスの仲間やホルトソウ（*Euphorbia lathyris*）があります。

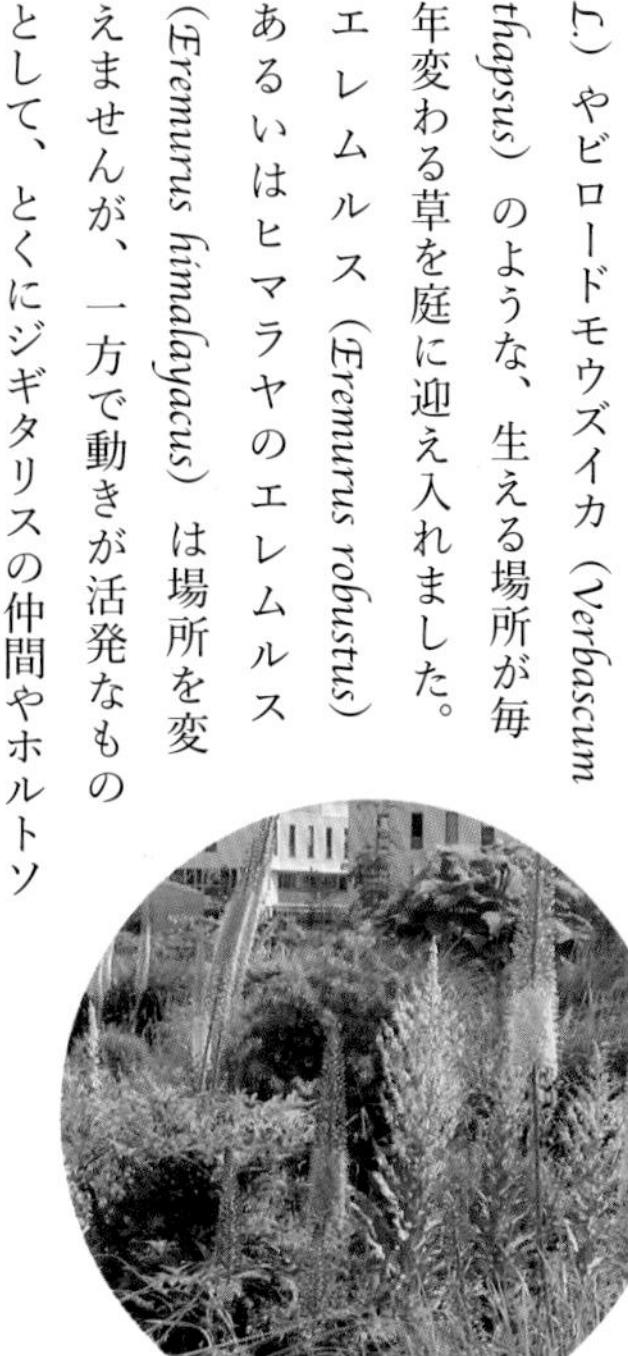
エレムルス

今日、リヨンの街の真ん中で、昔のように草を刈って干している光景が見られます［23］。干し草は小さな囲いで飼われているヒツジたちのエサとなります。このヒツジはイングランド北部の小さな島の原産で、世話をさほど必要としないので飼育が簡単です。ヒツジたちの存在はこの庭が機能するうえで非常に重要です。ヒツジと、草木の切れはしや切り落とした枝を細かく砕く機械、そして堆肥づくりのシステムがあれば、庭のなかだけですべてがリサイクルできるからです。5ヘクタールのこの土地から、ゴミに出すものはひとつもありません。生き物から出る有機物はまた別の生き物の栄養となります。それを捨てたりはしないのです。

このコンセプトを、プロジェクトの決定権を持つ人たちに受け容れてもらうのは楽ではありませんでしたが、これによって大幅なコストダウンになったうえ、ゴミのリサイクルというテーマを広く考える機会ともなりました。庭のなかなら有機物をリサイクルするのは簡単です。自然に分解されてまた栄養となるからです。しかし将来的には、さらにその先へ行く発想が必要になってきます。

これは、「地球という庭」のコンセプトとも重なります。地球は有限な土地であり、人類がどこまでも際限なく活動を広げてゆくことは不可能です。リサイクルをしなければなりません（52頁参照）。このリサイクルという問題を政治・経済の視点から考えるとき、ここの庭はまさにその象徴として浮かび上がることでしょう。

L'École Normale Supérieure

ラ・デファンスの新凱旋門の庭

パリ西郊、ラ・デファンス地区の新凱旋門の庭は、高速道路が下を通るコンクリート面の上につくられています。コンクリートの上に1メートルほど土を盛って石畳を敷き、植物は限られたスペースにだけ植えてあるため、手入れは比較的容易です［25］。

この庭では石畳の役割はとても重要です。庭に活気を与え、訪れた人々の視線を誘導して動線をすっきりさせ、鳥たちのための水を側溝に集める、などなどです［26、27］。私はここに植える植物として、よく育つセイヨウシロヤナギ（*Salix alba*）と、クリスマスローズ（*Helleborus niger*）やアメリカマンサク（*Hamamelis virginiana*）といった、冬に花を咲かせる多年草や小低木を選びました。

ナンテンもあります［28］。私はナンテンの繊細さ、常緑の葉で冬

note

Les jardins de l'Arche, La défense, Île-de-France

構想、造園：ジル・クレマン／ギヨーム・ジョフロワ＝デショーム
建築：ポール・シェメトヴ
協力：アカント工房、ピエール・デア
出資：ラ・デファンス公共整備施設
面積：3 ヘクタール
場所：イール・ド・フランス
施工年：1991-1998 年（未完成）

25: 新凱旋門の庭は高速道路の上につくられた

26	27
28	29

26、27: 初夏の新凱旋門の庭 / 28、29: 冬の新凱旋門の庭

Les jardins de l'Arche, La défense

でもおとろえない存在感、花や実の美しさが好きです。四季を通して空間の構成を支え、さまざまな色で場を活気づけることのできる植物といえます。

主として冬に花が咲く植物をこの庭に選んだのには理由があります。このスペースは、オフィス街の中心で2つの駅を結ぶ連絡通路になる予定でした。夏の間はバカンスで人がいなくなってしまいますから、秋から春にかけての変化が主体となるようにと考えたのです。

石畳は、自然に近い荒削りの石と切り石をとりまぜたものです。連絡通路として進行方向を規制したい場合、切り石の並べ方によって人々の視線をその方向へ誘導することもできます[29]。しかしここでは何の規制もありません。誰でも好きなように道からはずれて、またもどってきてよいのです。

現在、計画が変更されて新しくサッカースタジアムが建設されることになったため、ここが連絡通路として使われることはなくなりました。私のところへ連絡がきて、新しい庭とやらをまたつくるというのですが、面積は今の10分の1になるうえ、場所もまったく目立たないところになってしまいます。世界規模でカネまみれとなったサッカーを手厚く迎えんがためのこのような《補修》に、私はどうも気乗りがしないのです。

谷の庭（ラ・ヴァレ）（2）

野原（ル・プレ）

20年ほど前、谷の庭に隣接する広さ約1ヘクタールの農地を買い、「野原」と名づけました。ここを実験場として私がやってみたかったのは、今日の農地では見られなくなった多様な草本植物の共生を迎え入れることでした。

まずは土を耕すところから始めて、野草の種をまきました（モウズイカ、ジギタリス、トウダイグサ、シャゼンムラサキ *Echium plantagineum*、ケシ *Papaver somniferum*、マツヨイグサ *Oenothera stricta*、シャボンソウ *Saponaria*、クワガタソウ *Veronica*、フェンネル *Foeniculum*、ホタルブクロ *Campanula* など）。通常、庭師は植えればよいだけの苗木を買うのですが、私はこれらの植物が自然状態でどのようなふるまいをするのか見てみたかったのです。1年め、私がまいた種はひとつも芽を出しませんでした。代わりによそから来た植物が芽を出しました。この結果には驚きましたが、心配するには及びませんでした。まいた種のいくらかは2年め以降に発芽し、また、5年めにしてやっと芽が出たものもありました。野原は時とともにその姿を大きく変えました。植生は初めの数年がとくに変化が激しく、これは先駆植物（パイオニア植物）が出現したためです。現在では、そのようなダイナミズムはいくらか落ち着きました。

5年目の野原のようすと愛犬のカネル

種をまくというやり方が仕事の現場でむずかしいのは、こういうところです。結果がどうなるかわからないのです。すぐにこれこれの花が咲きますよと、お客さんに約束することができません。

この目まぐるしい移り変わりを観察するのに、私は当初、高いところに展望台を設置しました。すなわち、昆虫観察用の双眼鏡をもって脚立に上ったのです。というのも、野原は私にとって、昆虫の生態を観察・記録するための場でもあるからです。昆虫はきわめてすぐれた指標生物であり、その昆虫がいる生態系の規模と質はどのようなものであるか、即座にわかるのです。ところで、脚立は使い勝手が悪かったので、結局私は地面の上に平台をしつらえ、それを「草原のいかだ」と名づけました。ごく簡単に木の板を並べただけのものです。

草原のいかだ

ヒメルリトラノオとシジミチョウ

私は誰にでも、庭を双眼鏡で観察することをすすめています。花がちがったように見えます。そして、昆虫を観察するときには必要不可欠です。近づきすぎると昆虫は逃げてしまいますから。

天然の庭

最後に、谷の庭を下っていくと見えてくる、私の「天然の庭」についてお話ししましょう。現在でもエリカがわずかばかり残っているのが見えますが景観はすっかり変わりました。40〜50年前は対岸には木が一本もありませんでした。ヤギ、ヒツジ、ウシの放牧によって、エリカにおおわれた荒れ地の状態が保たれていたのです。ところがわずか数年の間に、裸同然の土地が森へと変貌をとげるのを私は見たのでした。

これは農牧業の放棄によって起こる現象で、とくに地形が険しくて機械が入れない斜面で顕著です。今日、このような土地は、平地の農耕地では見られなくなった生物の多様性を迎え入れる場となっています。私はこの事態を「風景の逆転」と呼んでいます。というのは、開けた場所（原野／日光）だったのが閉じた場所（森／日蔭）となったからです（83頁参照）。

子どものころ、私は歩いてやってきて、ここから見える風景にすでに魅せられていました。これは天然の庭だ、とおもったのでした。地面は植物におおわれ、視界はどこまでも開けていて、さえぎるような建造物の類は何一つない。「おくやま」にいるような気分になります。遠景が開けているのです。日本ではよくある景色でしょうがフランスではめったにありません。

今ではこの場所は私の庭になりました。ベンチを置いて、座って景色を眺められるようにしてあります。あたかも遠くの景色へ、ここではないどこかへ開かれた窓を前にしているようです。その景色まで自分のものであるようにおもってしまいがちですが、実際には、とても豊かな多様性にささげられた風景、「第三風景」にほかならないのです（76頁参照）。

以上が、動いている庭について、なるべく合わせてできるだけ逆らわないというその考え方について、私がお伝えしたかったことです。ご清聴ありがとうございました。

天然の庭。40 〜 50 年前はエリカにおおわれた荒れ地（上）であったが、現在は森（下）に変貌

La Vallée

Column 1

動いている『動いている庭』——書く人としてのジル・クレマン

Le jardin en mouvement en mouvement : Gilles Clément en tant qu'écrivain

寺田 匡宏
Masahiro Terada

1

ジル・クレマンとともにいることは、ごく自然なことのように思われた。人の中には、人に威圧感を与えたり、人に緊張を強いたりする人もいるのだが、クレマンは、そのようなたぐいの人ではなかった。

ごく自然に、隣にいて、ごく自然に会話をするという感じ。

人の中には、この人と会話をしなければ、と、こちらが何か無理に話題をさがしまわらなければならないタイプの人もいるが、クレマンはそんなタイプの人でもなかった。

無理に話柄をさがしまわらずとも、ごく自然に、何かことばを交わし、だまっているならだまっているでも、それはそれで、共にいる、場を共有している、という安心感があった。

そんなクレマンの人柄は、クレマンが、日々、植物を相手にしているからだろうか。クレマンの初来日の際、造園家の田瀬理夫がしばらくクレマンと一緒にいた。たしかに、田瀬の印象と、クレマンのたたずまいは重なる。田瀬は、造園家ではあるのだが、その出発点は、高校時代にさかのぼる植物との愛着にあったという。造園家というよりも、植物の声を聴く人、と言った方がふさわしいようにも思える。二人は、ほぼ同世代で、西と東で期せずして、どこかかさなるような仕事を重ねている。人柄にも、どこか共時性があるということが面白い。

加えて、クレマンを語る上で欠かせないのは、そこはかとないユーモア——クレマンと京都の庭をいくつか訪ねる機会があった。京都の庭を訪ねるということは、京都の建物を訪ねるということであり、それは、和風の建物に上がるということであり、それは、その都度、靴を脱ぐということを意味する。紐靴をなんども脱いだり履いたりは、とても忙しい。笑いながら「ちょっとしたスポーツだね！ Quel sport !」と言って、洋の東西の身体文化の違いをおもしろがっていた姿が印象に残っている。

2

ジル・クレマンの書く態度、本に対する態度、端的に言えば、クレマンが書くことが好きだということは、ぼくには、勇気を与える。

クレマンがどこかで書いていたと思うのだが、彼の『動いている庭』の草稿は何軒もの出版社に持ち込まれ、何軒もの出版社にリジェクトされたが、クレマンは、あきらめずに、機会を待ち、数年後に出版にこぎつけたのだという。

本づくりというのは、原稿を書くことだけではなく、その原稿を出版してくれるところを探し、もろもろのアレンジが必要となるなど、大変なことも多いが、それをねばり強く、そして、きっとそれを楽しんで行なってきたクレマンの姿は、書くこと、それを出すことに時として疲れそうになるぼくに、初心を改めて思わせてくれる。

書いた後も、この「書くこと」は終わらない。『動いている庭』のフランス語原書『ル・ジャルダン・オン・ムーブモン *Le jardin en mouvement*』は、1991年の第1エディション以来、出版社を変え、フォーマットを変え、現在流通している2007年以来の第5エディションに至っている(1)。そして、それは、言語を変え、他言語にも翻訳されているのだ(2)。

そのさまは、まさに、「動いている『動いている庭』*Le jardin en mouvement* en mouvement」！

書くことは、動いている。想念はテキストにより固定されるが、そのテキストとて、文字や、声や、本や、デジタルデータというメディアに乗る中で、形を変えつつ時間の中を動いていく。それは、時間とテキストがともに織りなす創造的な過程である。書くこととは、文字と時間の秘儀と醍醐味とでも言いたくなるような、そんなプロセスに人間がかかわることだ。約四半世紀、さまざまな旅を重ねてきた過程の末にある『動いている庭』という本を手に取るたび、書くことの不思議について考えさせられる。

3

ジル・クレマンと書くことといえば、クレマンは2015年の初めての日本滞在中に俳句を作っている。

ある一夜、クレマンを囲む宴が、京の北・洛北で開かれたが、そこで、どういう流れだったか、話が俳句の話になった。

その時、席には、鈍牛の俳号を持つ篠原徹や、哲風の俳号を持つ安成哲三がいたからだったか。篠原は琵琶湖博物館館長、安成は総合地球環境学研究所所長である（いずれも当時）。二人とも京都大学理学部を卒業したという「理系」のバックグラウンドを持ち、篠原は人類生態学、安成は気象学という自然を対象としたフィールド科学の専門家である。そのような科学者が、同時に俳人である、ということは、日本の科学知と自然観のかかわりを解き明かす重要なヒントの一つである。

篠原によると、俳句とは「観察と知識の結合」だが、それは、共感と類推を基盤とするところからフィールド科学との親和性を持つ(3)。篠原の師であり世界的な霊長類学のパイオニアの伊谷純一郎は、アフリカの原野でのフィールドワークに岩波文庫の『芭蕉連句集』を持参し、アフリカで俳句を詠んでいた(4)。

そんな話題で宴が盛り上がっている時、クレマンがいたずらっぽい顔をして、さらさらとノートブックにペンを走らせはじめた。

Le poirier a les racines qui sortent de la tête
Il s'installe dans les jardins
Il ne pousse, les pieds en l'air, que s'il est heureux

直訳すれば「頭から根っこを生やして

いる梨の木／そいつが庭にすみついている／足が空中にあっては、幸せでなければ、それ以上、上には伸びないよ」。

英語やフランス語やドイツ語では、ハイク Haiku ／ Haïku は3行の短い詩として書かれることが多いが、これは、冬枯れの梨の木を詠んだ「ハイク」である。

じつは、フランス語には、「〝梨の木〟をする」という表現で、「逆立ちをする」を意味する成句がある。原詩の1行目の冒頭にある le poirier は「梨の木」を意味する名詞だが、それに「する」を意味する faire という動詞を加えた faire le poirier という句動詞が、頭を地面につけて立つという意味になるのだ。なぜ、そんな成句ができたのかについてはフランスでもよくわかっていないようだが、果樹や庭木の梨の木は、一本のすくっと立った幹の上に、左右対称の枝を強調するように仕立てられることが多いので、その形態が逆立ちをして足を広げている人体の形態に似ているからではないかという説があるようだ。

冬枯れの梨の木の姿のイメージが、逆さまに立つ人というイメージを招来したのか、あるいは、「le poirier 梨の木」という語が「faire le poirier 逆立ちする」というコロケーションを呼び出したのか。原詩の冒頭にある「梨の木 le poirier」は、梨の木という現実界の存在物であると同時に、語としての「梨の木 le poirier」という想像界の存在物である。初発にある、この一つにして二つ、あるいは二つにして一つの「梨の木 le poirier」が混然一体となり、それ以下の3行のテキストを導いている。書くこととは、言語という乗り物をあやつり、現実界と想像界の間を自在に行き来することのできる人間ならではの行為である。ここにあるのは、その書くことにおけるダイナミズムである。

梨の木を日本の庭や果樹園であまり見ることはないが、梨やりんごは果樹としてだけではなく、庭木として、フランス、あるいは、ヨーロッパではごく一般的である。だから、これは、フランス人のクレマンならではの句であろう。もちろん、枯れ落ちた裸の枝と根の形態の比較は、庭師であるクレマンの面目躍如。それに、植物へのまなざしと、ちょっとしたユーモア。短い3行の中に、クレマンを語る要素がきっちりと詰まっているだけでなく、「自然観察と推論と共感」という俳句の要諦を見事に押さえているといえよう。

この日、席にいたエマニュエル・マレスは、この「ハイク」は梨の木を主語としてではなく、人を主語としても日本語に訳せるという。マレスの訳によると、それはこうなる。「逆立ちをする人が頭から根っこを生やして／庭に住み着く／足が空中にあっても、幸せでなければ成長しないよ」。このマレス訳に従うとするなら、この句は、植物へのまなざしだけではなく、人間へのまなざしをも含んでいることになる。幸せだから成長する。成長のためには、幸せが必要である。人生に必要なものは、幸せ。なんと、あたたかな人へのまなざしであろうか。

僭越にも、鈍牛、哲風の二俳人を差し置いて、この「ハイク」を、五七五からなる「俳句」として翻訳したのはぼくだ。

梨の木や逆立ちしたる春の庭

ジル・クレマン（訳・寺田匡宏）

原詩の中には「春」などという語はどこにも出てきていないが、この夜は、二月ではあったが、寒さの中にもどこかしら気持ちの浮き立つ早春の気配を感じさせる日であった。

あの日、宴の席には、ヨガに精通し、ヨガのポーズ（アサナ）の一つである「頭立ち」（シルシャ・アサナ Sirsha-asana）を愛し、世界中で頭立ちすることをライフワークとしている建築史家の村松伸もいた。この句は、彼への目くばせも含んでいる。その座にいる人々（連衆）へのそこはかとない気づかいを含んだ表現を句におりまぜる「挨拶」という技法は、連句の重要な要素である。クレマンが、この夜、詠んだ句は、この一句だけだったが、この句を通じて、彼は、あの宴席に連なる人々と「連句」を巻いていたともいえる。楽しく、心に残る一夜であった。

4

ジル・クレマンの来日と書くことの関係でもう一つ忘れてならないのは、クレマンと杉本秀太郎の「出会い」である。

杉本秀太郎はフランス文学者であり、エッセイスト、すなわち「書く人（l'écrivain）」であり、なにより京の住人であった。その生家であり、住家は、京都の中心地四条烏丸からほど近い綾小路通新町西入ルにある18世紀初めから続く伝統的商家で、彼はその「奈良屋杉本家住宅」を後世に残すため、公益財団法人を設立することに尽力奔走した。その甲斐あって、現在、同住宅は、京都市の重要文化財に指定され、同住宅の庭は、「京町家の庭」として国の名勝指定を受けている。

初来日のクレマンを招聘した総合地球環境学研究所の阿部健一が、杉本秀太郎の次女で京料理研究家の杉本節子と懇意で、その縁で、京都滞在中のある一日、クレマンの杉本家訪問がかなった。

このクレマンの杉本家訪問の際、クレマンの日本滞在の一切を取り仕切ったエマニュエル・マレス、『動いている庭』の訳者の山内朋樹とともに、お供する機会を得たのだが、心中ひそかに期待していたことがあった。

杉本秀太郎のエッセイによると、杉本家の庭には、彼が、実生の状態として、パリのブローニュの森から持ち帰ったマロニエの木が大きく茂っているという。杉本の「植物小誌」はその過程を事細かに書くが、その発端にあるのは、スタンダール Stendhal である。

「スタンダールはフローラに格別の思い入れをしていた。『パルムの僧院』の主人公ファブリス・デル・ドンゴーは、一本のマロニエにほとんど一つの人格をあたえていた。誕生を期して母が植えたマロニエの若木に、まだ春浅い日、アルプスの雪峯が望見されるコモ湖に近い泉のほとりまで、ファブリスは若葉の有無をたしかめにゆく。もしも一枚でも開いた葉があるかどうかに十六歳のファブリスは未来を賭ける。」[5]

『パルムの僧院 *La Chartreuse de Parme*』は、杉本秀太郎の京都大学仏文科の恩師、生島遼一が訳している。このファブリスの記憶に重ねるように、杉本は、パリ滞在中の１９７５年3月のある日、ブローニュの森の散策の途中、泥濘の中のいくつかの実生のマロニエが「捨てられた仔犬、仔猫のように」、拾ってくれと訴えていた声を聴きとる。

ほうじ茶の空き缶に入れられて、パリから、「禁を犯して」京に持ち帰られたその実生の一つは、時を経て杉本家の庭で大きく育つ。「植物小誌」が収められた杉本のエッセイ集『京都夢幻記』には、杉本家住宅を構成するいくつかの庭のうちの一つの庭で、白い花をつける泰山木の奥で、喬木となり亭々と茂るマロニエの写真が掲載されている[6]。

京町家の内部の豊かさは、通りに面した格子と犬矢来の外からはうかがい知れない。その格子の中の奥深く、洛中の心臓部ともいえるような杉本家の庭の中での、京都とフランスの出会い。京都は、じつは、ヨーロッパと深いところで結びついている都市だ。京都の祇園祭の山鉾の前掛の一つに、16世紀のベルギーからわたってきたゴブラン織りのタペストリーが使われていることはよく知られている。杉本家のある綾小路通新町は、祇園祭の鉾町の一つで、杉本家は、祇園祭の際には、その綾小路通新町の伯牙山のお飾り場となる。杉本秀太郎が書くエッセイには、どれも、西洋と日本という2つの文明の隠れた結びつきの様態という深いモチーフがある。京都の旧家に生まれた杉本秀太郎が、フランス文学の専門家となったのには、必然性があるのだ。

文化は動いていく。それは、『動いている庭』でクレマンが明らかにしたように、草木が動き、庭が動くのと同じ、時間と、その時間の函数でもある何ものかが織りなすダイナミズムの作用だ。京町家の精髄ともいえる杉本家で、フランスの庭師ジル・クレマンが、パリからきたマロニエと出会うとは、この文化の動きのダイナミズムそのものではないか。クレマンが杉本家を訪問すると聞いた時、ぼくの脳裏にうかんだのは、このことであり、それゆえ、期するものがあった。

だが、クレマンの杉本家訪問の当日、どうもそのマロニエは、あの写真の場所には見当たらなかった。もしかしたら、枯れてしまったか、何らかの事情で切られてしまったのかもしれない。

杉本秀太郎も不在。

――今日は、あいにく、父は病院で……。クレマンさんとお目にかかったら、父はどれだけ楽しかったでしょう。父も植物が好きですし……。

一階だけでも十数の間を持つ広壮な杉本家住宅の中でも「最も格式の高い」[7]十畳の奥座敷に一行を迎え入れてくれた杉本節子は、そう言って、父の不在をかこちた。

庭を南から見るため、その客座敷は北向きに開口しているが、あけ放たれたその障子の向こうには、その少し前に植木屋が入ったばかりだという前栽が広がっている。カシやモチノキの常緑の濃い緑の下に苔むしたわずかに傾斜のついた地面が広がり、奥には柴垣と蔵に通じる開き戸。左手前の手水鉢の足元にある一叢のあざやかな濃い緑はヤブコウジだろうか。

杉本秀太郎も、ファブリスと同じように、植物にことのほか思いを寄せた「書く人」だ。画家である安野光雅と組んだ画文集『花』、『みちの辺の花』や、自身の随想『花ごよみ』など木や花にまつわる著書も多い[8]。

正座し、威儀を正したエマニュエル・マレスが、その数日前に、翻訳が刷り上がったばかりだった『動いている庭』を差し出す。

――まあ。おめでとうございます。分厚い本を。翻訳もさぞかし大変だったことでしょう。

丁寧に著者クレマンに対し出版への祝辞を述べ、翻訳者の山内をもねぎらった後、杉本節子は、その本をしばらくいとおしそうに手中にしてながめていたが、ふと、その背表紙に書かれた出版社の名

に目を留め、

——あら、みすず書房から。そういえば、父のはじめての随筆集もみすず書房からでした……。

と、杉本秀太郎とクレマンに、同じ出版社から本を出したという縁があることを喜んだ。１９７６年、みすず書房から上梓された『洛中生息』は、当時45歳だった杉本秀太郎がはじめて京都について本格的に書いた書で、彼の出世作である。「あら、みすず書房から」と、その出版社の名を口にする杉本節子の華やいだ口ぶりからは、家族がどれだけ杉本秀太郎の文業を敬愛しているかが伝わってきた。

その約3か月後、朝、新聞を開くと、訃報欄に、杉本秀太郎の名前を見出した。行年85。

マロニエと杉本秀太郎。クレマンが京都で出会うことのなかった、京都の中のフランス、あるいは西洋。

いや、あの日、おだやかな昼下がりの光がほのかに射し入るほの暗い杉本家の北向きの座敷で、じっと端座し、前栽を静かに見ていたジル・クレマンは、たしかに、京都でこれらのフランスにも出会っていたのかもしれない。そう思いたい。

註

〔1〕 Gilles Clément, *Le jardin en mouvement: De la vallée au jardin planétaire*, cinquième édition, sens & tonka, 2007.

〔2〕 イタリア語や日本語の翻訳が出ている。日本語訳は、ジル・クレマン（山内朋樹訳）『動いている庭』みすず書房、２０１５年。

〔3〕 篠原徹『自然を詠む——俳句と民俗自然誌』飯塚書店、２０１０年

〔4〕 篠原徹「解題」『伊谷純一郎著作集』第6巻、平凡社。なお、伊谷の俳句集が、篠原らによって編まれて出版されている。『伊谷純一郎著作集』編集委員会（編）『月虹——伊谷純一郎句集』『伊谷純一郎著作集』編集委員会、２００９年。

〔5〕 杉本秀太郎「植物小誌」杉本秀太郎『京都夢幻記』新潮社、２００７年、１０３−１０４ページ。

〔6〕 前掲〔5〕、１０６ページ。

〔7〕 杉本節子『京町家・杉本家の献立帖——旨いおかずの暦』小学館、２００８年、１４３ページ。

〔8〕 杉本秀太郎（文）・安野光雅（絵）『花』岩崎美術社、１９８７年／杉本秀太郎（文）・安野光雅（絵）『みちの辺の花』講談社、１９９４年／杉本秀太郎『花ごよみ』平凡社、１９８７年。

寺田匡宏（てらだ・まさひろ）

エマニュエル・マレス、山内朋樹、小川純子とともにクレマン来日の準備にあたる。本書「Concept 2」の元となった地球研での講演会ではマレスと共に司会をつとめた。自然を含む世界と人の関わりを人文の視点から研究。近著に『人文地球環境学——「ひと、もの、いきもの」と世界／出来（しゅったい）』（あいり出版、２０２１年）ほか。

Concept 2

地球という庭

地球という庭、ひとつの定義

「地球という庭」とはどういう意味かといいますと、地球全体をひとつの庭として考えることです。ひとつの庭とみなすということです。私は自分の仕事をするなかで、これからの地球はひとつの庭だという確信をもつようになりました。その理由として次の3つが挙げられます。

note

2015年2月23日
京都・総合地球環境学研究所にて

Le jardin planétaire

La terre comme un jardin
le 23 février 2015
Research Institute for Humanity and Nature, Kyoto

アンドレ・シトロエン公園の気球からパリを一望する。エッフェル塔の麓には、ケ・ブランリー美術館の庭がある（ドキュメンタリー映画《動いている庭》より）

第1に、地球も庭も人間の存在によって覆われている、つまりその領域には人間が存在しているということがあります。庭ならば庭師がくまなく見て回ります。見ていない場所も、そこがどうなっているかちゃんとわかっています。地球でも、人間がほとんどどこにでもいます。いない場所についても情報をもっています。人工衛星などのテクノロジーがある今日ならばなおさらです。

第2に、地球規模での生物種の混淆が挙げられます。異なる種の生物が出合い、両者の間に均衡が成立し新しい生態系がつくられる。これはどの時代にもあった自然現象です。風、海流、動物などが植物のタネを運び、原産地から遠く離れたところで自生することを可能にするのです。人間はこのメカニズムをさらに加速させる存在であり、その始まりが庭をつくることでした。

初期の庭は、遠くから取り寄せた植物、とりわけ食用となる植物を育てるための場所でした。今日私たちが食用としている植物はその多くが南北アメリカ大陸と中国からやってきたものです。ヨーロッパは地球規模の種の混在が以前から起きている地域なのです。今では地球全体でこのような種の混在が起きていますが、それは人間が大量に、かつ高速で移動するようになったからです。そのとき一緒に植物のタネなどが運ばれた結果、もとは限られた地域だけにあった植物が世界のあちらこちらへ定着したのです。たとえばパリの植物相は主として北アメリカ産のニセアカシア（*Robinia pseudoacacia*）、中国産のフジウツギ（*Buddleias davidiana*）、別名「蝶の木」、それからシベリア産のヨモギの仲間（*Atemisia*）で構成されています。

最後に第3の理由として、フランス語のジャルダン、英語のガーデンなど、西洋で「庭」を意味することばの語源を挙げましょう。西洋の歴史をたどるとこの語はもともと、囲われた場所、園（その）を意味していました。つまり庭とは閉じた空間であり、大切なものを護るところでした。その大切なものとは、食用となり、身の回りの道具の材料となる植物です。それは、生きていて、珍しくて、興味をそそり、人間にとって重要な意味をもつものだったのです。

地球の生物圏（バイオスフィア）も閉じた空間です。いかなる種の

01:「地球という庭・生命の厚み」（ジル・クレマン筆）

生物も、上空1万メートルから深海8000メートルの間の薄い層でしか生命を保つことができません。それはひとつの有限な空間、囲われた場所、すなわち庭であると言ってよいでしょう［01］。

地球がひとつの庭であるなら、その住民は誰もが庭師です。知らず知らずのうちであっても、ひとりひとりがこの庭の成り立ちに影響をおよぼしています。ひとりひとりの行動、消費形態、移動手段、エネルギー支出が、時間の経過にともなう生物多様性の分布と存続に影響します。この星で生命を途絶えさせないためには、地球市民たる人間の行動がじゅうぶんに穏健なものでなければなりません。これはジェームズ・ラヴロックが唱える「ガイア」の概念とは大きくちがいます。ガイアは地球を生命体としてとらえたものです。私の考えでは地球は「庭」であり、したがって庭師がいなければなりません。私は人間の存在を、その結果としての人間の介入を、ガイアの概念のなかに含ませているのです。

トンボ　生態系の象徴と指標

トンボは、地球という庭を象徴する生きものです。幼虫のヤゴは水生で肉食です。ヤゴはしばらく水中でくらし、それから羽化します。羽化した成虫は空へ飛び立ち、今度は空気中の水を体験しにゆくのです［02］。

私たちは、ほとんど意識することはありませんが、みなが同じ水のなかをただよう仲間です。この部屋のなかには水蒸気がありますね。凝縮する条件がそろっていないので目には見えませんが、たしかにここにあります。私たちの体のなかにも水があります。水なくして生命はありえません。

水は地球全体を循環しています。私たちが毎日飲む水は、私たちより前に植物や動物、もしくはほかの人間が飲んだ水でもあるのです。ショックを受けるかもしれませんが、これはゆるがぬ事実です。私たちみなが同じ水を消費しているのです。水は蒸発して、大気中を循環しながら対流圏のいちばん高いところまで上昇して、また落ちてゆきます。どこに落ちるかはわかりません。このことは、私たちに水を分けあうように定める条件ともなります。金持ちの上にも貧乏人の上にも、雨は同じように降るからです。この事実の前では、私たちはみな平等なのです。

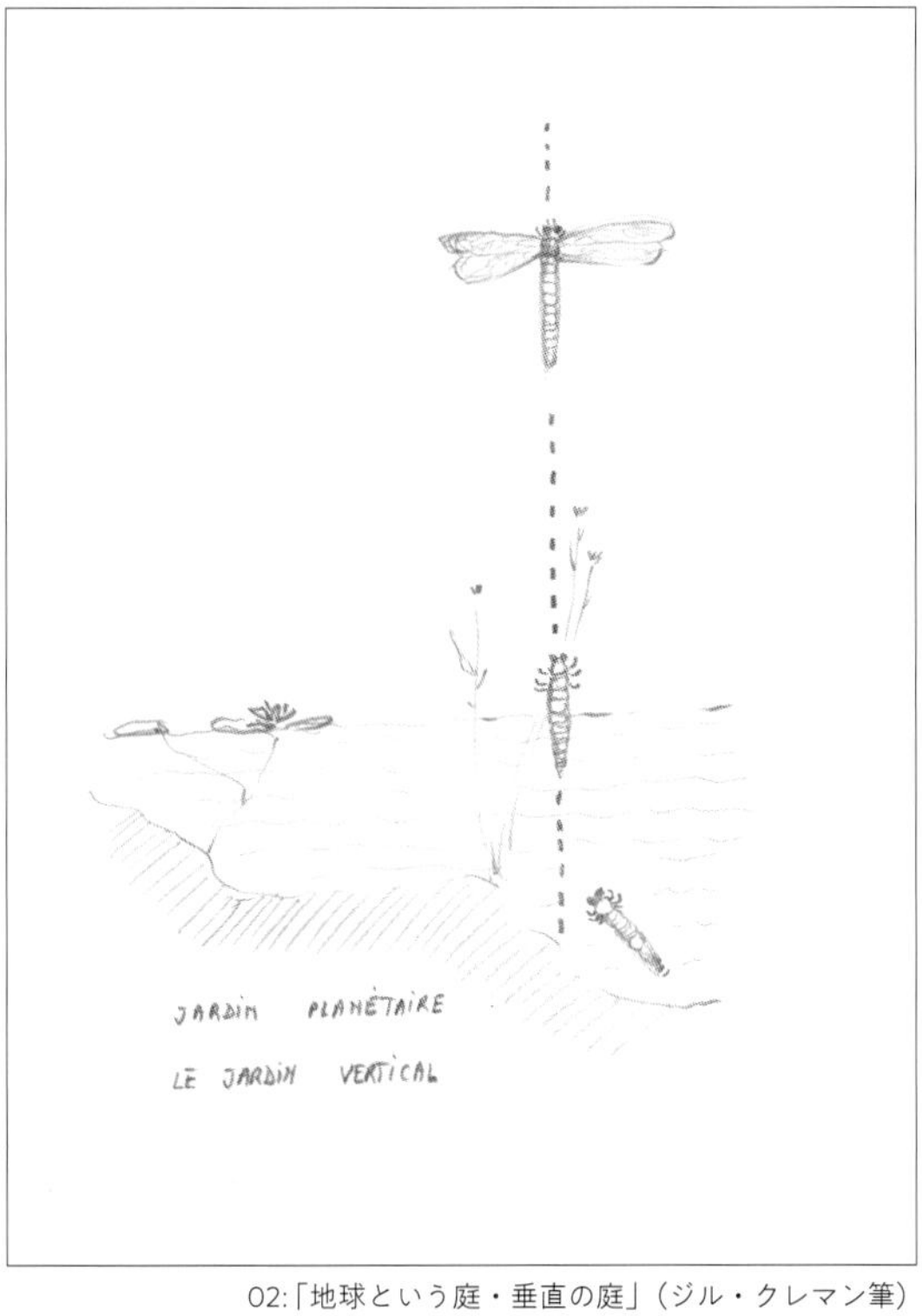

02:「地球という庭・垂直の庭」（ジル・クレマン筆）

ラ・ヴィレット公園での「地球という庭」の展示

「地球という庭」という題で展示をおこなうことになって、私は全体の構成を生物の多様性というテーマにそってまとめました。大まかに3部に分け、第1部は隔離のシステムの説明、より詳しく言うと地理的隔離による種形成の説明にあてました。

このテーマをよく理解するには、世界地図を上下逆にしてみることが有益です[03]。そうすると、普段ほとんど気に留めることのない地球の部分がよく見えます。そして、陸地というものがいかに大小さまざまな無数の島々から成り立っているかがわかります。

隔離という条件は、時間とともに種が分化するのに有利にはたらきます。親となる植物から生まれた種子が、山の反対側、川の向こう岸、あるいは離島などの隔離した場所にたどりついて繁殖し、世代を重ねるにつれ親とは異なる性質をもつ植物になるということは、じゅうぶんにありえることです。

そうして別れ別れになった植物が、たとえば人間の活動などによってふたたび出合ったとき、交配ができない、つまりもとは同じ植物でありながら子孫を残せなくなっているということがあります。これが地理的隔離による種形成とよばれるもののメカニズムです[04]。隔離集団が多いほど異なる種に分かれる機会も増えます。展示では、仕切りで分けた小部屋を用いて隔離の原理を表現し、固有種の動植物の標本を見せました。たとえばナミブ砂漠の固有植物であるウェルウィッチア（*Welwitschia mirabilis*）、セー

note

L'exposition du jardin planétaire à la Villette, Paris

構想、造園設計：ジル・クレマン
発注者：ベルナール・ラタルジェ園長
面積：2500平方メートル
場所：ラ・ヴィレット公園、パリ（19区）
期間：1999年9月-2000年2月

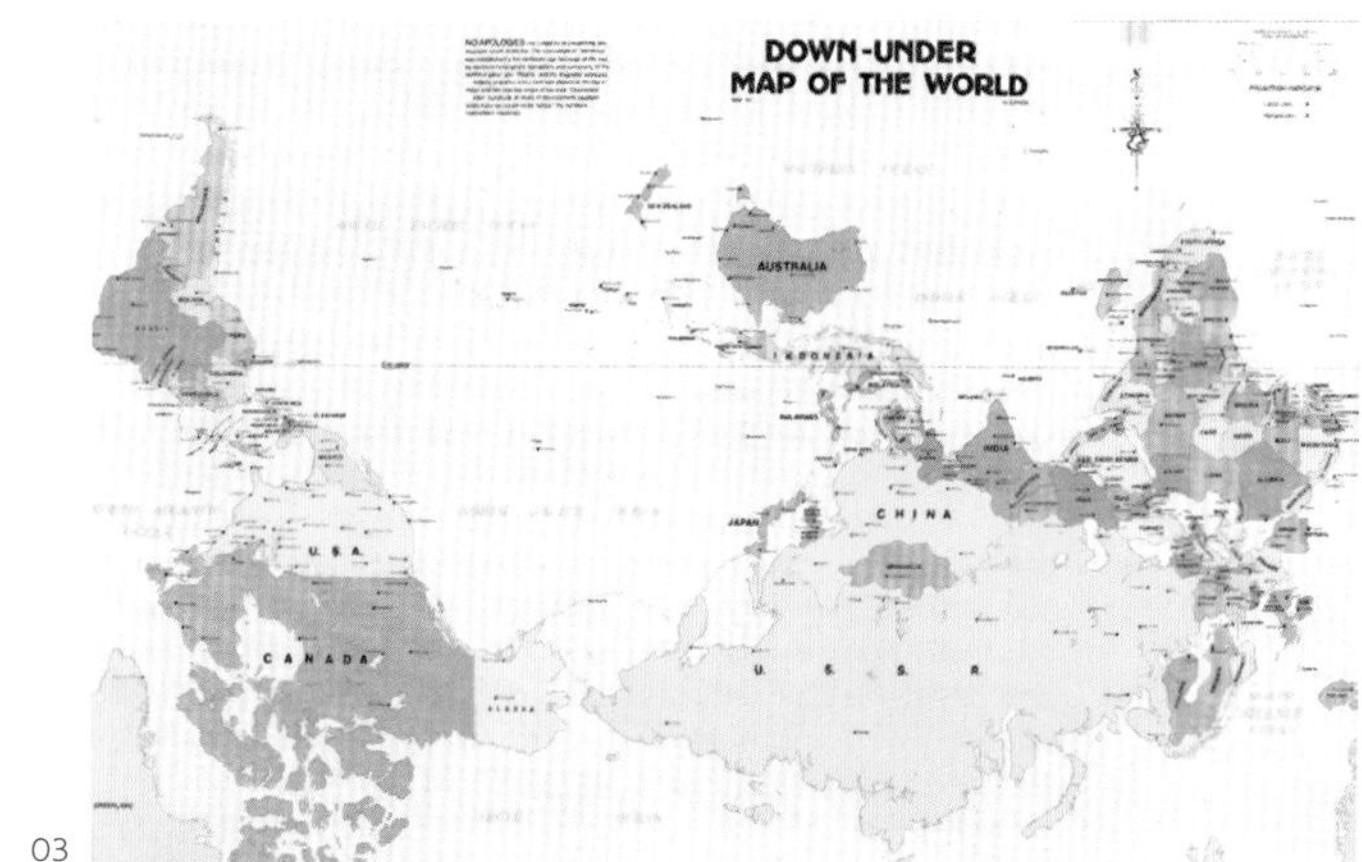

03

04

03: 世界地図を上下逆にすると地球の見方が変わる／04: 地理的隔離による種形成の図（ジル・クレマン筆） 図内の文字：下段「地理的隔離による種形成」、上段左「物理的障害物・隔離集団の緩慢な出現」、右「隔離集団の急激な出現」

L’exposition du jardin planétaire

NE PAS BLESSER LA TERRE

シェルのアルダブラ島固有種のアルダブラゾウガメ（*Aldabrachelys gigantea*）などです。

第2部では生物種の混淆をとりあげました。地球規模でのさまざまな生物種の混淆は、隔離のシステムを攪乱して一部の種を絶滅へ至らせることもあります。隔離とはちょうど反対のプロセスです。そのダイナミズムをあらわすものとして、風によって植物の種子が運ばれるようすを示しました［05］。これは植物の繁殖法の定番として非常に古くからあり、植物は風を利用する方法をじつに巧みに発展させてきました。たとえばカエデの種子についている羽はトンボの翅と同様のつくりになっていることが明らかになっています［06、07］。

私はまた、長距離の移動をする人間が意図的に、またときには意図せずに、植物を世界のいたるところへ持ち込み、またあらゆる大陸から持ち帰ったことにもふれました。

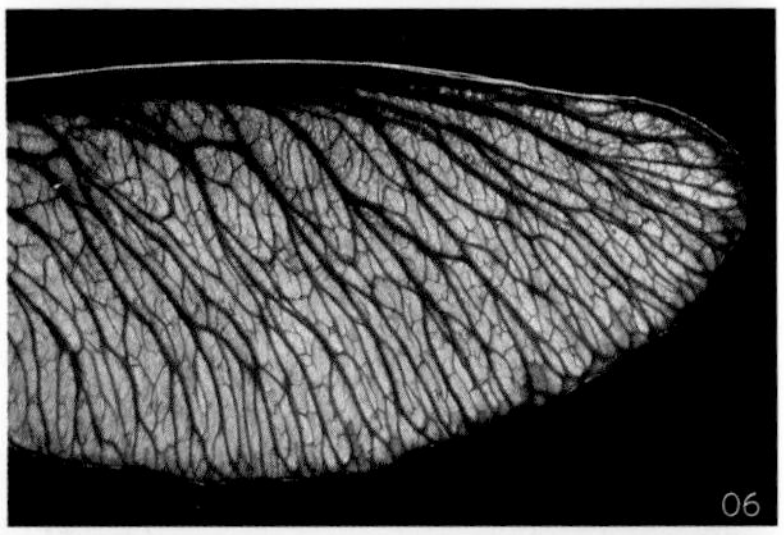

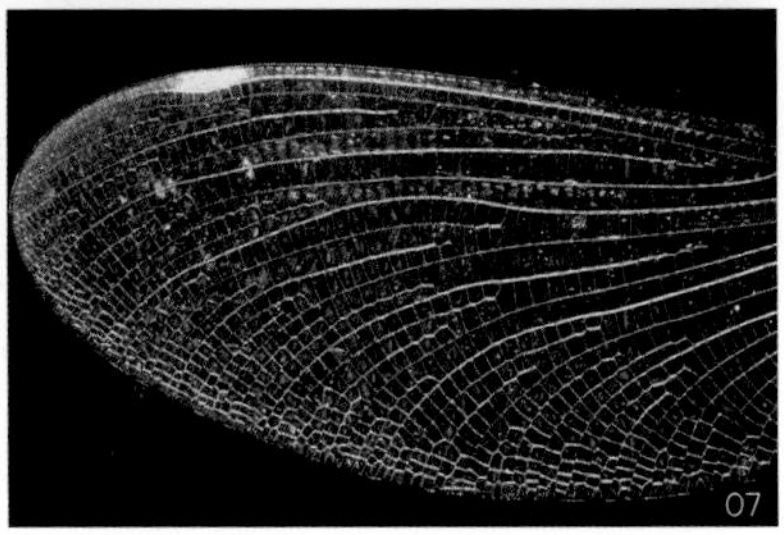

05: 植物は古くから風を利用して移動してきた／06: カエデの種子の構造／07: トンボの翅の構造

この展示は、自然だけではなく文化の多様性についても問題提起を行なっています。私は文化が環境に直接的な影響をもたらすということをとても重要視しています。ある文化が世界をどう見ているか、どう理解しているかということは、世界をどう扱うかという方法に、その第一として庭を手入れする方法に、そのまま反映されます。

文化の多様性の例として世界のいくつかの文化、なかでもカナリア諸島とバリ島の文化を取り上げましたが、紹介したかった例はほかにもいくつもありました。

ドードー鳥と七面鳥

ここで少し寄り道をして、外来の生物と在来の生物の出合いがポジティヴな協働（シナジー）を生んだ例を、紹介したいとおもいます。

ドードー鳥はモーリシャス島に生息していた鳥ですが、20世紀初頭には完全に姿を消してしまいました。1990年、ひとりの生物学者がある異変に気づきました。島に生えているカリヴァリア（タンバラコク）という名の、クルミのような大きな実をつける木が新しい芽を出していないのです。種子を調べても異常はないのに発芽しないのです。ところで、ある種の植物の種子は、動物に食べられその消化管を通過してはじめて発芽できるようになることが知られています。消化液で種子の休眠を目覚めさせる必要があるのです。カラスとサクランボがそのような関係の例として挙げられます。

そこで生物学者は、この実を食べられそうな、ドードー鳥とおなじくらいの大きさの鳥をさがすことにしました。そしてアメリカから七面鳥を連れて来させてこの木の実を食べさせたところ、はたして、そのうちの9割が芽を出しました。こうして彼は、モーリシャス島のカリヴァリア（タンバラコク）を救ったのでした。別の言い方をすれば、アメリカの鳥がやってきてモーリシャス島の木を救ったということになります。地球規模での混在の真っただ中から生じた、ポジティヴな協働です。ドードー鳥と七面鳥のケースは、たくさんあるなかのひとつにすぎません。

　これは強調しておく必要があるでしょう。というのも、生物の混在は悪いことだと一般的に信じられているからです。ヨーロッパでは、地球規模で生物が混在することは生命の多様性にとって有害であると言われています。これはとくに、エコロジー運動のなかでも過激な「ディープ・エコロジー」の主張するところです。私は自分を熱心なエコロジストであるとおもっていますが、この主張には賛同できません。

　自分の庭での観察と、世界各地への旅での見聞を私は自分の考えの起点としています。また、地球のこれまでの変遷についての知見にも立脚して考えています。これまでの研究により、人間が地球環境に影響をおよぼすようになる以前、自然状態において生じる地球規模での生物の混在が、すでに生命進化のメカニズムのひとつとなっていたことがわかっています。今日私たちが知っている植物は、かつて存在していた植物とおなじではありません。このことから導かれる帰結は、新たな生態系が出現し続けてきたということです。少しずつですが、外来種と在来種のあいだには均衡が成立します。在来種といっても、より以前からそこにあるというだけで、ずっとあったわけではありません。

　私が学生だったとき、モナコの水族館から外部に漏れてしまった熱帯産海藻のイチイヅタ（*Caulerpa taxifolia*）が、地中海の環境を破壊すると言われていました。しかしその後、海藻の繁殖の勢いは衰え、ほかの動植物によってその分布域を制限されています。これは環境の応答といわれるものです。

　地球規模での生物の混在は、人がおもっているほど危険ではありません。私に言わせれば、都市化の拡大、土地の舗装化、化学物質による汚染のほうがよほど深刻です。動植物の居場所を破壊することになるからです。しかし私のこのような主張は、ヨーロッパで主流であるとは言えません。たとえばフランスはヨーロッパ最大の農薬使用国であり、それにより深刻な事態を招いています。

新たに出現する生態系

展示の最後（第3の部分）では、新たに出現する生態系についてふれました。生物の混在から生じる生態系のことです。新しい生態系が安定し均衡が成立するようすを観察して理解することをテーマとしました。

　フランスの植物学者ポール・オゼンダ（1920-2019）が提唱した、理論上の大陸という、とても興味深い概念があります。生物分布の実態にもとづいて世界の地形を再編成する試みで、フランク・ノーによって図像化されています［08、09］。それによると私たち生物はみなひとつの大陸にくらしていることになります。海洋生物ならばひとつの大洋です。生物学的にいえばそういうことになるのです。植物には制約があります。生物群系（バイオーム）をまたいで移動することがむずかしいからです。もちろん、なかには高い能力をもち世界各地に分布域を広げる植物もありますが、多くはありません。私たち人間は、衣服、車、空調といった文明の利器に手足や器官の代わりをさせることで、広い範囲での移動を可能にしています。これらのおかげで人間はたとえ氷に閉ざされたところでも、炎熱の土地でも、どこへでも行くことができます。植物はしかしバイオームに従属する存在です。

「地球という庭」の展示では、サラセニアという北アメリカ産の小さな食虫植物を取り上げました。この植物は現在では、原産地と環境が似ているヨーロッパの湿地でも見られます。植物園からいわば逃げ出して、人の手がなくても容易に生きていける環境を見つけて定着した植物のひとつです。

　これに関連して、東京の自然教育園を訪れたときにとても勉強になったことがありました。ある展示板に、1965年から現在にかけて観察されているシュロの著しい増加についての説明があったのです。東京ではおそらく温暖化のために、このヤシ科の植物がおもいがけないほど大繁殖しました。とくに年間最低気温がぐっと上がりその期間も短くなって、シュロにとっての脅威でなくなったことが大きいでしょう。

　フランスでは、19世紀にイギリス人が観賞用（装飾樹）としてこのシュロを国内南西部にもち込みました。気候が合っていたためすぐに広まりました。現在では、気候が海洋性で温暖なブルターニュ地方まで広がっています。このように、気候の変動によって私たちのまわりの景色も変化してゆくのです。

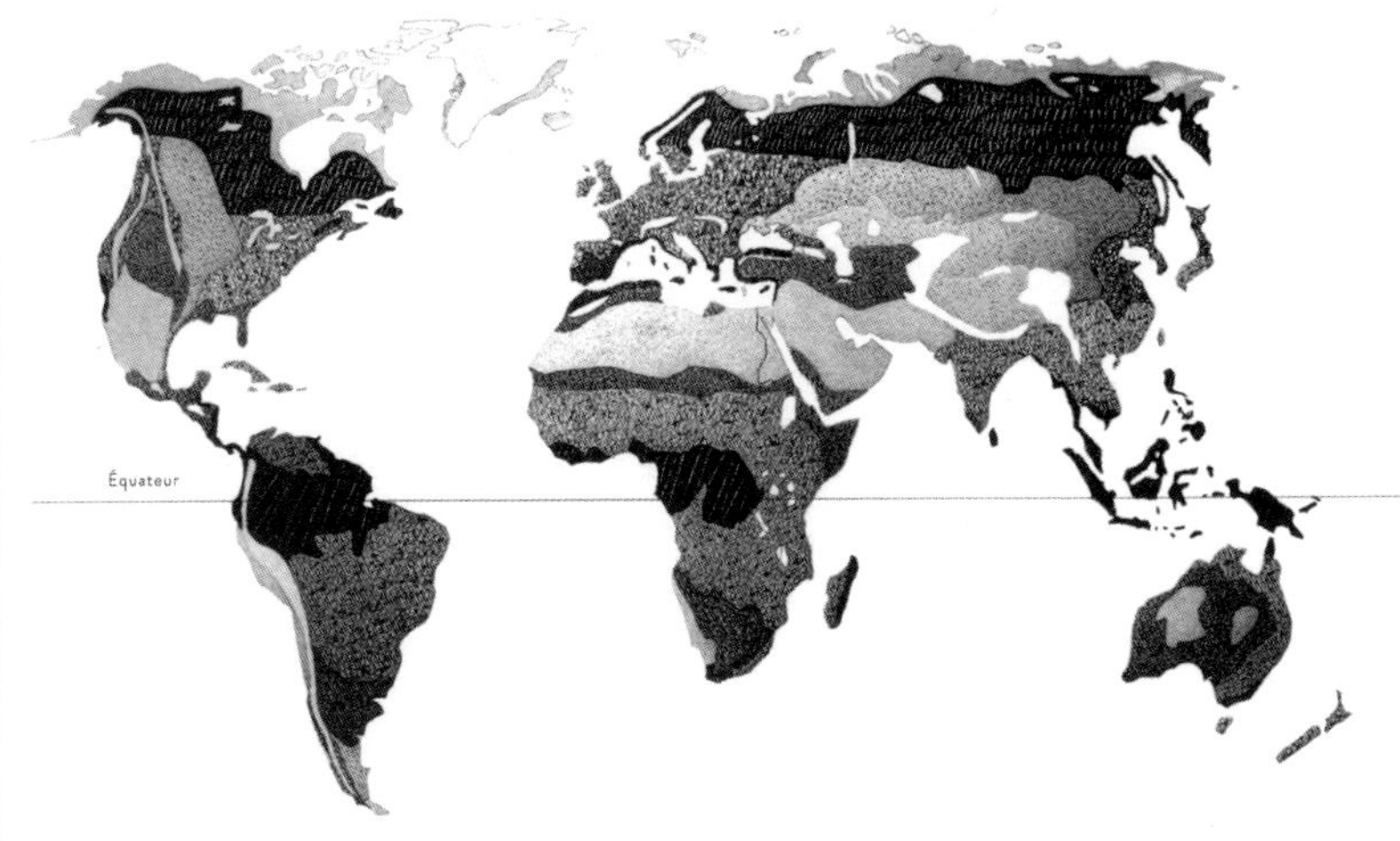

08: フランスの植物学者ポール・オゼンダによる地球上の生物分布（フランク・ノー筆）

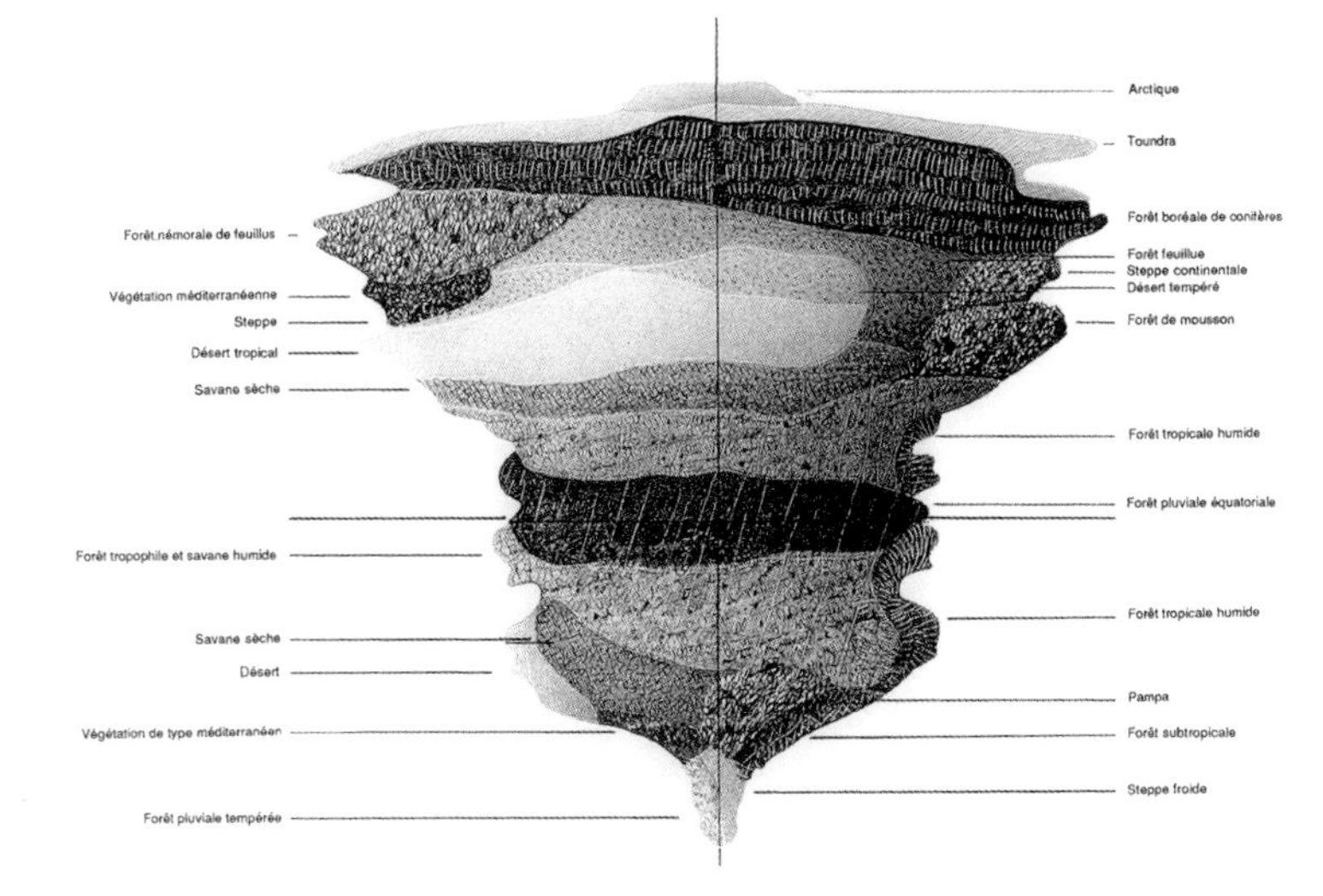

09: オゼンダによる理論上の大陸（フランク・ノー筆）

展示では、地球規模での生物の混在の観察にもとづいて、自分たちにできることは何かを問いかけました。地球を傷つけないことは可能か？ あらゆる代替エネルギーをリストアップすることは可能か？ 環境を破壊することなく自分の身を守ることは可能か？ リサイクルは可能か？［10］

リサイクルはどうしても必要です。水は冒頭に申し上げたように、きれいだろうと汚染されていようと、否応なく循環（リサイクル）しています。反対に、人間が製造し使用した資材をリサイクルするのは簡単ではありません。

これに関しては、ブラジルのクリチバという町の取り組みを紹介しましょう。この町の政治家は、エコロジーの原則にしたがって町を発展させることを決定し、とてもうまく要点をついていると私には思われるスローガンをうちだしました。いわく、「ゴミはゴミじゃない」。これにしたがって町の行政関係の建物はすべてリサイクル材で建てられています［11］。また、町の緑地管理課では、苗木を育てるのに一貫して飲料の空容器を使いつづけています［12］。これは直接的リサイクルといわれる方法で、再加工はしていません。

この町では、40年以上前からトロコヴェルデ（＝緑の物々交換）とよばれるシステムが機能しています。住民はリサイクル可能なゴミをトラックでもち込むと、それと同じだけの重さの野菜、果物、その他の品物をもち帰ることができるのです［13］。もう一つ、この町には「知の灯台」という、ちょっとした図書室が各学校の前にあり、子どもたちがエコロジーの実践に必要なことを学べるようになっています。

10

11

12

13

10: 循環を象徴する木のスケッチ（ジル・クレマン筆）／11: リサイクル材で建てられたブラジル・クリチバ市の行政関係の建物／12: 町の緑地管理課では、苗木を育てるために飲料の空容器を再利用／13: 住民はリサイクル可能なゴミをもち込むと、それと同じだけの重さの野菜、果物、その他の品物をもち帰るというトロコヴェルデが行なわれる

レイヨルの園

地球規模での生物種の混淆を、庭師としてはどのように表現するか？　この問題の生物学的な側面をあらわしてみたいとおもって、私は構想を練りました。それが、地中海に面したレイヨルの園です。

ここは、沿岸域保全機構が所有する20ヘクタールの地所で、建物は20世紀初頭に建てられました［14］。海岸はほとんどが磯ですが、ほんの小さなビーチがあって、そこに海中公園をつくる計画になっています。ここはプロジェクトの未完成部分です［15］。私はパーゴラのようなものを海中に設置して、海のさまざまな生き物を観察できるようにしたいとおもっていました。しかしそのためには当然工事が必要になります。現在のところ、海を範囲にふくむ工事を行なう許可が下りていません。これほど教育効果が見込めるものであっても、国が審査をして許可が下りるのを待たなくてはいけません。法律で禁じられた場所にプライベートのヨットハーバーをつくるなどということがまかり通るのは、サルコジ〔2007-2012年のフランス大統領〕のような権力者の場合だけです。

敷地の残りの部分は庭園として整備されていました。海岸から山手へのぼる幅の広い階段が軸線となっています。この階段は20世紀初頭に建物と同時につくられた庭にあったものです。レイヨルの園での私のテーマは何かを建造することではなかったものの、この階段の直線はそのままにしてさらに伸ばすことにしました。全体を一望できるからです。ここ以外の部分は木におおわれています［16、17］。

先ほど少し言いましたが、地球規模での生物の混在を正面から扱ったのがレイヨルの園であり、このようなものはほかにありません。ここには地中海性植生のさまざまな植物が集められています。地中海沿岸地域はもちろんのこと、カリフォルニア、チリ中央部、南アフリカ、オーストラリア南西部、ニュージーランドなどに見られる植生です。レイヨルの園のさまざまに異なる風景を構成するにあたって、私はこれらの国々すべてに足を運び、風景のアイデンティティとなりうる植物種を2つか3つずつえらびました。そのほかに当然ながら、私が手を入れる前からここにあった植物もあります［18］。

これらの植物を産地に応じて世界地図とおなじように配置するのは無理があり、日照条件が植える場所の決め手となりました。てっぺんのいちばん乾燥した場所はメキシコの石ころだらけの土地の植生、日

note

Le domaine du Rayol, Rayol-Canadel-sur-Mer

構想：ジル・クレマン
造園協力：フィリップ・ドゥリオ、アルベール・トゥーレット
出資：沿岸域保全機構
面積：20 ヘクタール
場所：フランス、レイヨル＝カナデル＝シュル＝メール
作成：第 1 期・1989-1994 年、進行中のプロジェクト

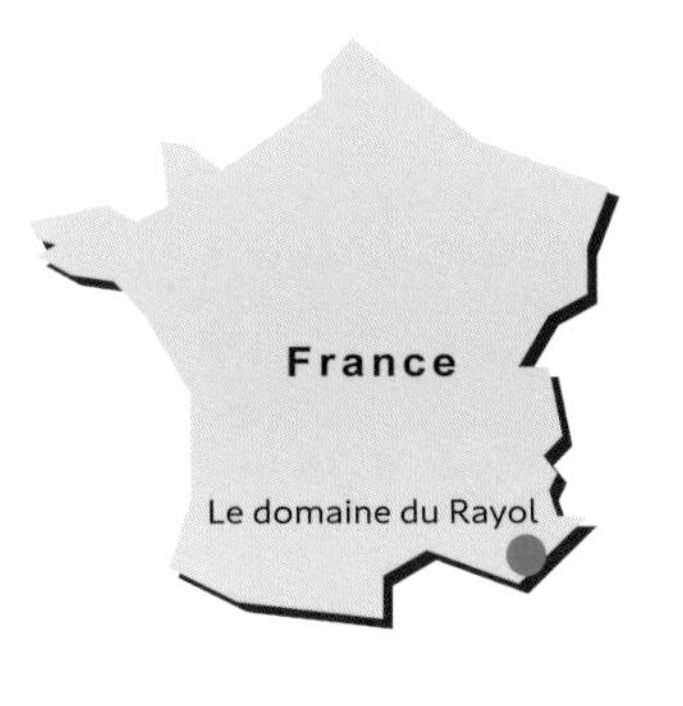

蔭でもっとも涼しく湿気がある窪地はニュージーランドの植生、といった具合です。

乾燥した区域には、ヨーロッパの南、カナリア諸島のシンボルであるリュウケツジュが植えてあります。そのすぐ隣に生えているのはメキシコのサボテン植物であるオプンティアです［19］。これをカナリア諸島の植生ゾーンに残したのは、19世紀に交易品としてメキシコからカナリア諸島にもち込まれたという、歴史的ないきさつがあるからです。人間の活動によって生じた新たな生態系の象徴です。オプンティアに寄生するコチニールカイガラムシという昆虫を養殖して、赤色着色料の生産に用いることが目的でした。合成着色料の出現によってこの交易はほとんど途絶えてしまいましたが、オプンティアはこの庭園を含む地中海沿岸域に定着しました。

現在でもカンパリやグレナディン・シロップの赤色は、オプンティアで養殖したコチニールカイガラムシから抽出した着色料によるものです。人が食べたり飲んだりしても大丈夫な赤色着色料がこれしかないのです。これならば健康を害することはありません。

小川が流れる湿度の高い区域には、ニュージーランド原産のマオラン（ニューサイラン）を植えました。フランスでは、この植物を乾燥した場所に植えて、自動散水機で水やりをしているのをよく目にします。私が手がけるすべての庭は、なるべく環境への負荷や汚染なしで生命を維持することを目指しています。なので水やりや機械の利用は極力さけたいのです。植物を野生の状態に近い環境に置いてやれば、これらの必要はなくなります。

ニュージーランド原産の木性シダ類（*Dicksonia antarctica*）がレイヨルの園では唯一、日々の世話を必要とする植物です。高い湿度を保つためのミスト発生装置を窪地で作動させています。この木性シダ類

Le domaine du Rayol

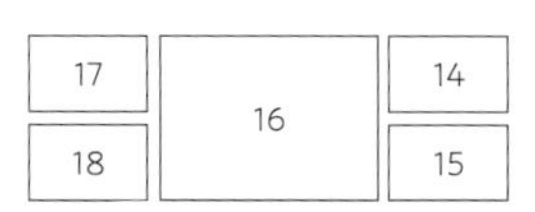

14: 20世紀初頭に建てられた建物／15: 地中海に面したレイヨルの園は20ヘクタールに及ぶ広大な敷地を有する。地上の庭園のほかに、海中公園をつくる計画もある／16、17: 一直線に海岸から山手へのぼる階段は20世紀初頭の庭園の名残／18: 地中海原産のイチゴノキの根元には南アメリカ原産のフリージアの花が咲く

は堂々とした風格があり、原産地を特徴づける植物として私はためらわずこの庭に導入しました。これ以外はすべてここの環境で自生できる植物ばかりです。

ジュピターのヒゲ（*Anthyllis barba-jovis*）とよばれる低木はEUの条約では保護の対象になっています。この植物は地中海沿岸の石灰質の荒れ地に育つものですが、1988年に私たちがこの庭の仕事を始めたときには絶滅が危惧されていました。この庭では大幅に数が増え、種の存続を脅かされることなく育っています[21]。アカンサスもここでは多く見られます。また、熱帯原産ながらそこら中に広がり、庭のなかでもさらに異種の生態系をつくりだす植物さえあります。

庭師は、庭の小径を整った状態にしておくことにとても神経を使っています。訪れた人の目に、ここは放置された場所ではないとすぐわかるようにするためです。そうしておけば、乱雑に見えるところはあえてそうしているのであり、それこそが庭の豊かさだと、感じてもらうことができるのです。

庭の管理方法はエコロジーの発想にもとづいています。草刈りは場所ごとに時期をずらして行ない、つねに昆虫の居場所が確保されるようにしています。ひらけたところには、牧羊農家の協力を得てヒツジを放牧しています[22]。

地中海性植生の国々はすべて、山火事によく見舞われます。こうした土地に育つ植物には、火に対する特異な反応が見られることがあります。生きるために火を必要とするのです。

先ほど、鳥の消化管を通らないと発芽しない種子があるという話をしました。同じように、何百万年ものあいだ山火事にさらされてきた植物は、それを種子の発芽の条件としたのです。熱衝撃による休眠の解除とよばれるものです。山火事のあと、地面はゴジアオイに一面お

19	20
22	21
	23

19、20: いちばん乾燥した場所にはメキシコのサボテン植物であるオプンティアと南アフリカ原産のキダチアロエなどを配置／ 21: 絶滅危惧種として保護の対象になっているジュピターのヒゲはレイヨルの園で繁茂している／ 22: ひらけたところの芝刈りは、牧羊農家のヒツジに任せる／ 23: 小川が流れる湿度の高い区域にはニュージーランド原産のニューサイランや木性シダを植えた

おわれます。その後山火事がなければゴジアオイは姿を消します。枯れて地面に種子を残しますが、何年もそのままなので、人々はこの場所からはゴジアオイがいなくなったとおもっています。じっさいには種子は眠っていて、山火事によって目を覚ますのです。このような植物を、能動的耐火性植物といいます。このほかに、特別な樹皮で山火事から身を守るコルクガシのような植物もあります。こちらは受動的耐火性植物といいます。

20〜30年前に起こった、アメリカのイエローストーン国立公園の山火事をみなさんは覚えておられるでしょうか。山火事のあと、この地域から完全に姿を消したとおもわれていた植物が突如としてふたたび出現したことが、研究者たちによって確認されました。これらの植物は消えたのではなく、地表で種子が眠っているだけでした。山火事という熱衝撃が、種子の休眠を解除するために必要だったのです。つまり外部からの強力な介入が必要とされていた、ということです。人間もこのような介入をしていることがあります。人間が自然を傷つけた結果、消滅したはずのある種の生物多様性がよみがえることがあるのです。

レイヨルの園には耐火性植物があちらこちらにあります。しかしここでの仕事のはじめのうちは、火の効用について話すのをひかえていました。庭師は、あたりまえですが、自分で庭に火をつけたりはしません。ただし、庭の手入れのなかでは火を用いることもあり、それがどのようなものか説明しておく必要があるでしょう。ゴジアオイを例にとると、この種子を発芽させるには、ごく短時間フライパンで熱して休眠を覚ましてやる必要があります。地球という庭の手入れでも、火は重要なツールとなります。もちろん、どのように使うかは注意しなければなりません。火を庭に放つのではなく、庭の手入れのために用いるのです。

19世紀の産業革命以来人間が実用化した技術には、自然を破壊する巨大な力があります。機械、化学物質、都市の拡大、道路の整備などですね。しかしまたいくつかの研究によると、完全に人間の行動が原因となって生じた生命の多様性が、とくに地中海周辺には存在するということです。ということは、人間の自然への介入はいかなる場合にも悪である、とは言えないことになります。こうして生じた多様性を守りたいのであればなおさらです。

参考までに、南アフリカ原産のサンアソウ科の一種（*Chondropetalum tectorum*）の例を挙げましょう。これが耐火性植物であることは確かでしたが、どうすれば発芽するのか当初誰もわかりませんでした。熱を加えるだけではだめだったのです。最近になってやっとわかったのは、この植物の種子が発芽するには、燃焼時の煙という化学的衝撃が必要であるということでした。レイヨルの園では、ビニール袋のなかに煙を送りこんでこの種子を発芽させています。素朴なやり方ですが、科学の知見にもとづいているのです。

世界各地の地中海性植生の土地を訪れたとき、こうした山火事が毎年夏の終わりにいかに発生しやすいかを、私は自分の目で確かめてきました。火の勢いはいつも激しいものですが、危険なのはそれが繰り返し起こるときだけです。山火事の現場に立ち会ってとても驚いたのは、住民があまりそれを気にとめていないことでした。慣れているのです。

山火事で焦土となった場所が、数カ月後には一面花でおおわれているのを見たことがあります。ファイヤーリリー（キルタンサス）という球根植物も花を咲かせていました。これは山火事が通過したあとでなければ咲かない花です。

ファイヤーリリー

ケ・ブランリー美術館の庭（カメの庭）

ここからは、文化の混淆ということに関して事例を2つとり上げたいとおもいます。一つめはケ・ブランリー美術館の庭です。基本方針としてあったのは、西洋的ではない風景をつくるということでした。ヨーロッパのどこの公園にもある芝生のかわりに、ここでは茂みがあちこちにあって、サヴァンナのような趣があります[24、25]。なぜそのようにしたのか。それはこの美術館が、熱帯地方の文化と文明の展示を行なっているからです。湿度の高い熱帯雨林をパリの気候で再現するのは不可能ですが、サヴァンナをおもわせる風景ならつくり出すことができます。ここでの主役は、丈が高く葉の細いイネ科の植物、なかでもススキです。ススキは私が庭づくりをするときによく使う植物で、日本でもいたるところに生えていますね。

「原始的（プリミティヴ）」と一般に形容される文化を扱った本を読んでいて、そこにカメがよく登場することに私は気がつきました。くり返しあらわれ、強い力をもち、さまざまな事物のシンボルとされています。アジアでは、カメは宇宙全体を背負う動物だとされています。中国では北の方角の守護神（玄武）の象徴。日本でも庭園でカメの意匠がよく用いられるそうですね。西アフリカのドゴンという民族の慣習では、裁きの場で正直に話をさせるために、罪人をカメの形をした椅子に座らせます。ラテン・アメリカのインディオは野営地をカメの形につくり、そのとき

note

Le jardin du musée du quai Branly (Le jardin de la tortue), Paris

構想：ジル・クレマン
造園協力：ギヨーム・ジョフロワ＝ドゥショム、ニコラ・ジルスー、エマニュエル・ブラン（AJN）
発注者：ケ・ブランリー美術館整備公共事業団
面積：１ヘクタール
場所：フランス、パリ（７区）
造成：2005-2006年

24: パリの中心部にサヴァンナをおもわせる庭園をつくった

25: ケ・ブランリー美術館の庭は無料で一般公開されている

26: ベンチの背もたれは亀の甲羅をイメージしている／27: カメの形をした石は随所に配置されている／28: バラのパーゴラも亀の甲羅を想起させる／29: 普段踏みつけにしている昆虫などをあえて園路に埋めこんだ

必ず尾が川のある方角を指すようにします。このほかにもカメはいたるところで、すぐれたシンボルとして用いられており、それはカメが非常に長生きであること、賢者のような雰囲気をもっていることと関係があるのかもしれません。

この庭のテラスのひとつでは、鉄でできた甲羅がカメを想起させます[26]。ところどころにはカメの形をした大きな石が置いてあります[27]。これは火山弾とよばれるものです。来園者が座って休めるパーゴラも、金属の棒を甲羅の形に組んであります[28]。このようにして、カメはそれと明示されることなく、さまざまな様態であらわされています。

同じようにさりげなく、動植物を合成樹脂に封入したものが300個、庭の地面に埋めこんであります[29]。中身は貝殻だったり、昆虫や植物だったりいろいろです。あまり大きなものは地面に埋めこめないので、動物はおもに小さな昆虫を選びました。トンボ、オサムシ、フンコロガシ、コガネムシなどです。普段踏みつけにしているこれらの存在もたいせつだということを、こうしてさらりと伝えています。アニミズムの社会のなかには、木であれ虫であれ、命あるものはすべて人間であるとされているところもあるのです。

庭ができて最初の2年間は、植物がしっかり根付くように点滴式の水やり装置を使っていました。そのあとはもう使わなくても大丈夫だと私は言いましたが、管理会社はあったほうが安心だからと装置の撤去に反対しました。かれらは庭師の言うことが信用できなかったのです。その結果、低くなっている部分の湿度が上がりすぎて一部の植物が根腐れしてしまいました。私はその場所に水を好むカムチャツカトクサを植えることにしました。

第一次世界大戦歴史記念館の庭

文化の混淆の2つめの例は戦争と結びついています。フランス北部ペロンヌにある、第一次世界大戦歴史記念館の庭です［30］。第一次世界大戦とは何か。それは、人間が世界中の大陸からヨーロッパに、戦争を行なうために集まったということです。

私の当初の計画は、記念館前の池に島の連なりをつくるというものでした。地球規模で混淆する人たちの、それぞれの遠く離れた出身地をあらわす5つの大陸。そして孤立していて渡ることのできない第6の大陸です［31、32］。結果的には6つの島をつくることはできず、池の岸辺に小高い盛り上がりが5つと、水のなかに浮かぶひとつの小島という形になっています［33］。

第6の大陸というのは、次のようなアイデアにもとづいています。

note

Historial de la grande guerre, Péronne

構想：ジル・クレマン
造園協力：ギヨーム・モルラン
発注者：ソンム県議会
面積：3000 平方メートル
場所：フランス、ペロンヌ
造成：2014 年

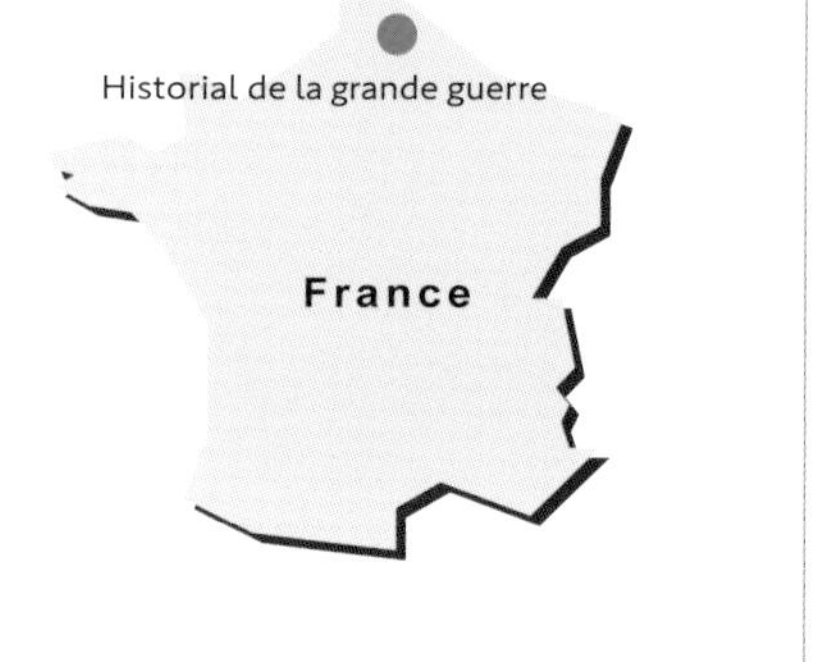

30: 第一次世界大戦歴史記念館の前に広がるカム池

小高い盛り上がりであらわされる5つの大陸には、じっさいに五大陸の植物から温暖な気候のバイオームで生きられるものを選び、原産地で区別せずに植えます。一緒になることでこれらの植物は新しい生態系を形成します。第6の大陸である小島には、あらかじめ何も植えずにおきます。この歴史記念館には、第一次世界大戦で命を落とした人たちの子孫が毎年何千人も、墓参りのために訪れます。この人たちが、ボートでこの小島に渡って植物を植えられるというようにしました。何を植えるかは自由です[34]。

ここは私が手がけた庭のなかでは小さなものですが、開戦100周年に行なわれたオープニングセレモニーはとても大々的なものでした。これは戦争の記憶がもつ大きな力をよくあらわしています。小島はすぐいっぱいになってしまうことが明らかなので、植物を植えに来たい人のためにほかのスペースを用意することを現在考えています。

31

32

33

34

31: 第一次世界大戦歴史記念館の庭・草案（平面図）（ジル・クレマン筆）／32: 第一次世界大戦歴史記念館の庭・草案（断面図）／33: 第一次世界大戦歴史記念館の庭・設計図（ジル・クレマン筆）／34: 第一次世界大戦で命を落とした人たちの子孫がボートで小島に渡って、自由に植物を植えられる

「タテガミオオカミの庭」ヴォーバンの城塞の濠と、モブージュ動物園

最後に紹介する庭は、動物にかかわるものです。動物園のなかの庭、というとこれまでの話からそれるようにおもわれるかもしれませんが、ここでも問題意識はエコロジーと文化の混淆にあるのです。

フランス北部モブージュの町にある17世紀の城塞[35]は、2008年にこの地方を襲った竜巻の被害によって広く知られるようになりました。被災後に私たちが取りかかった計画は、この城塞を訪れる人を迎え入れる空間をつくるというものでしたが、それだけでなく、隣接する動物園を一部改修して園のコンセプトによりふさわしい環境にすることも含まれていました[36]。

この動物園を訪れたとき、ずいぶん珍しい、そしてどれもとても美しいいろいろな動物を見せてもらいました。タテガミオオカミ(*Chrysocyon brachyurus*)は、とても警戒心が強い動物だと説明を受けました。そのとおりに獣舎からおそるおそる出てくると、それからまるで踊っているような独特の脚の運び方で歩きました。よく見ると、アンブル(側対歩)という、まず一方の側の前後の脚を前に出し、次に反対側の前後の脚を前に出す歩き方をしているのでした。この動物はアルゼンチン北部からブラジル南部にかけて生息しています。オオカミと名がついているがじつは植物も食べるのだと園長さんから聞いて、私はぜひともこのタテガミオオカミのための庭をつくってやらなければならないとおもいました。

タテガミオオカミ

なぜこれが地球という庭のプロジェクトと関係するのかと不思議におもう人がいるかもしれません。フランスの動物園では、飼育する動物が近親間で交配することをさけるために、異なる園のオスとメスを引き合わせて子どもが生まれるようにしています。生まれた子どもは、そのまま親と同じく人間に飼育されるものと、自力で生きていけるよう早いうちに親から引き離されるものとに分かれます。自力で生きていけるようになった個体は、もとの生息地にもどされます。こうした人間の介入がなければ、その動物はその地で絶滅してしまうでしょう。この介入プログラムのおもな対象地域はアフリカですが、近年の情勢

note

Le jardin du loup à crinière, Maubeuge

構想：ジル・クレマン
造園協力：フィリップ・トマ
発注者：モブージュ市役所
面積：3 ヘクタール
場所：フランス、モブージュ
造成：2009 年

35: 改修の対象となった 17 世紀のヴォーバンの城塞の濠

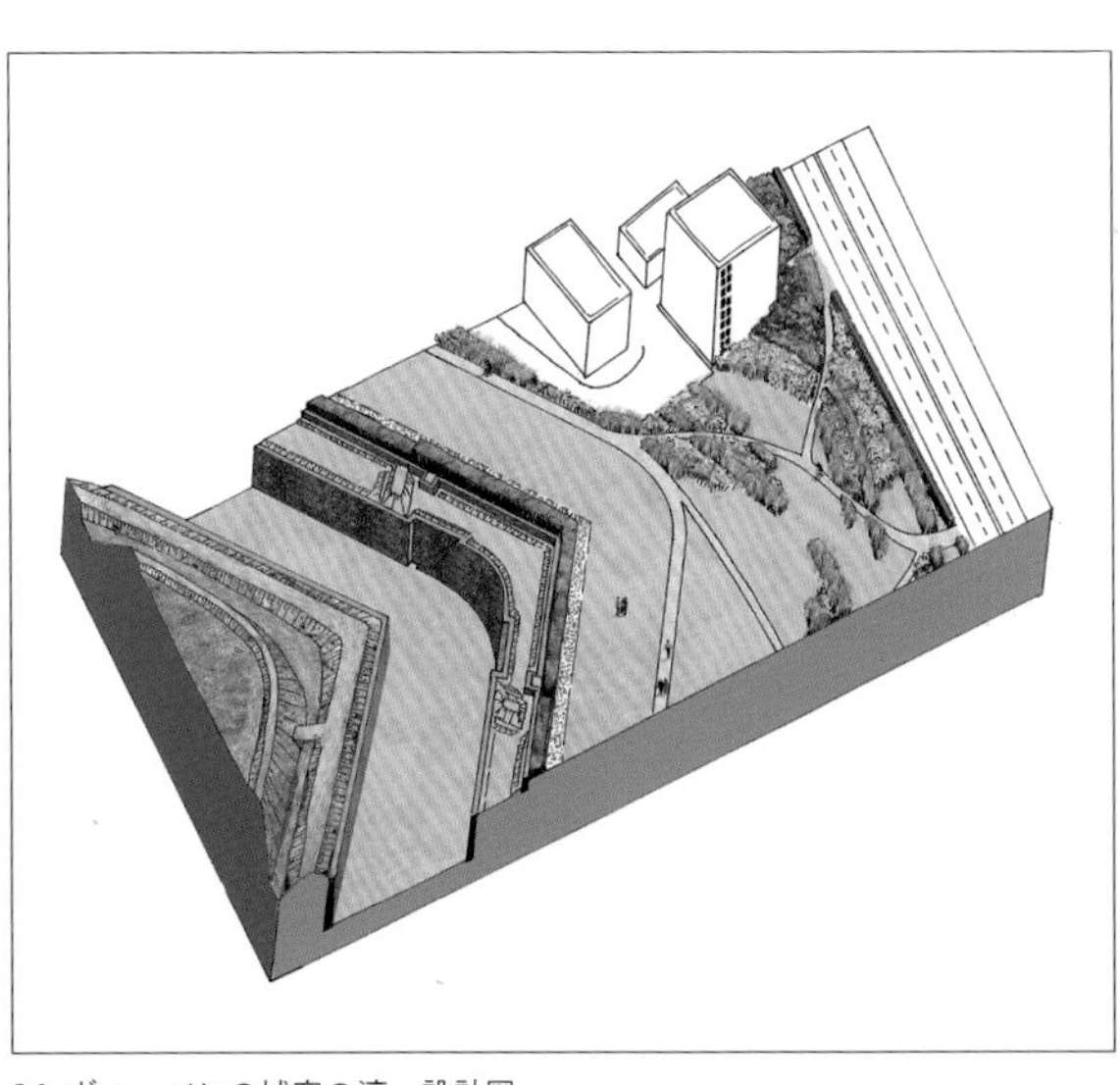
36: ヴォーバンの城塞の濠・設計図

により実施がとても困難になっています。そのほかには南アメリカで実施されており、したがってこのタテガミオオカミもいつか生まれ故郷へ帰ることになります。地球という庭の構想と関連するというのは、このような意味においてなのです。

自然の読まれ方

ここからはさまざまな注意をうながす標識についてお話ししたいとおもいます。私たちが自然に対してどのようなイメージを抱いているかを理解するうえで重要だと私は考えているからです。私たちは自然をどのように読みとっているのか。それはどうしてか。

このテーマの象徴としてシカの話から始めましょう。図にあるフランスのシカ注意の標識［37］では、シカは跳ねています。胴がくびれていてなかなか優雅ですね。奈良ではシカは道を跳び越す必要がありません、青信号で渡ればいいんですから。奈良のシカはフランスのシカに劣らず優雅で、しかも人間が話しかけたり、場合によっては少しなでることもできます。私はこんなにも近くでふれ合えることにとても感銘を受けました。私たちが自然とともに生きることを受け容れれば、自然も私たちとともに生きることを受け容れてくれるのです。

カナダのシカ注意の標識

37: フランスのシカ注意標識

38: カナダのシカ注意標識／39: スコットランドのシカ注意標識／40: 南アフリカのフンコロガシの標識

もフランスと同種のものですが、描かれ方が少し異なるようです［38］。カナダのシカはお腹が少し出ていて、道をまさに跳び越えているところのようです。スコットランドのシカは猟犬に追われているようです［39］。シカの向きがフランスやカナダとは逆ですが、それはスコットランドでは車が左側通行だからです。

人がほとんど話題にすることのない生き物を標識で見たこともあります。たとえばフンコロガシ。ところでフンコロガシといえばなんといってもファーブルです。日本ではファーブルの文章が学校の教科書に載っていると聞きました。いっぽうかれの祖国フランスでは、ファーブルという名前も、その業績も、もはや知っている人はほとんどいません。ファーブルはフンコロガシなどの甲虫の生態をはじめて記述した人です。しかし今のフランスでは昆虫のことをきちんと教わる機会はなく、子どもたちは虫の名前も知りません。生態系のメカニズムをすべて理解する必要などもはやない、そんなものは機械と化学薬品で蹴散らして、単一栽培・単一飼育をやればよいではないか、という世の中になってしまいました。どうせ壊してしまうものを知る必要などないというわけです。悲しいですね。最近では少し意識が変わってきていますが、それもほんのちょっとずつです。

このフンコロガシの標識は、南アフリカ共和国ポート・エリザベスの近くのゾウの保護区で見ました［40］。巨大なゾウのフンを分解するのがこの虫の役目です。しかしこの地域でゾウが減少するにつれて、フンコロガシも姿を消しつつあります。フランスではもうほとんどいなくなってしまいました。かつては牛を飼っているところには必ずフンコロガシがいたものですが、今はどこも飼料にペニシリンなどの抗生物質やさまざまの薬品を混ぜこむために、自然のリサイクルシステムが機能しません。家畜のフンのなかに微生物がいなくなってしまっ

45

43

41

46

44

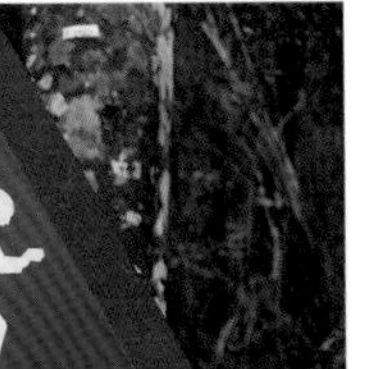
42

41: オーストラリアの交通事故防止の標識／ 42: 南アフリカの動物園の標識 ／ 43: フランスの歩行者専用の標識／ 44: パレスチナの歩行者専用の標識／ 45: オーストラリアの横断歩道の標識／ 46: 日本の横断歩道の標識

たのです。ここから読みとるべき重要なメッセージは、人間から見てどんなに取るに足らないような虫であっても、気にかけていなければいけないということです。

旅先でびっくりするような標識に出合ったこともありました。オーストラリアでは、ウシ相手に交通事故を起こしたら、無事で済まないのは車のほうです。ウシではありません。こんな標識はほかでは見たことがありません［41］。闘いに負けるのは文明のほうなのです。

南アフリカの動物園で見た標識では、下り坂で止まらなくなった車椅子の人を、ワニが大きな口を開けて待ちかまえています［42］。これはどう考えてもありえないことで、この標識はさすがにやりすぎではないかと感じます。ここにあらわれているものの見方はこうです。「自然は危険である」。

標識は人間自身のことはどう見ているのでしょう。人間の身体はどのように読みとられているのでしょうか。学校の周辺に設置される、道を渡ろうとする子どもを描いた標識は、みなさん見覚えがありますね。こうした標識が設置されるのは世界のどこでもほぼ同じですが、文化によってその描かれ方にちがいが見られます。

たとえば１９７０年代フランスの標識では、女の子のうしろをお母さんが歩いています［43］。二人ともスカートをはいて手にバッグをもっています。パレスチナではお父さんが女の子の手を握っています［44］。オーストラリアの標識には親が描かれていません。お姉さんが弟の手を引いています［45］。日本はその逆で、お兄さんが妹の手を引いています［46］。

ここまでに出てきた標識ではみなゆっくりと歩いています。交通事情がそれほど危険ではないことがうかがえます。しかし今日のヨーロッパではまったく異なります。なかでもイタリアは危険で、走って渡らなければなりません。子どもの姿もきちんと描かれたものではなくピクトグラムになっていますが、それでも通学カバンをもっているのはわかります［47］。インドでも道を渡るのは描き分けられているのと、男の子と女の子が危険なようです［48］。急いで渡らなければなりません。ボスニア・ヘルツェゴヴィナでは、見るからに危険度が上がっており、何かが爆発して子どもたちが飛び出してきたようです［49］。ひどいのはカリフォルニアで、女の子の足がほとんど地面にふれていません［50］。

これらは日常のなかの些細なことですが、私たちの世界のとらえ方が、私たちが世界と接する仕方や私たちが定める規則のなかに反映されているということをよく示しています。

東京の自然教育園を散策したとき、池の上に渡された木道を通りました。その両側の柵はごく簡単なつくりで丈もとても低いものでした。これは現在のヨーロッパの公園では不可能でしょう。日本では池に落ちるというリスクが受け容れられていますが、フランスでは考えられないことです。それがとても残念です。規準が人を臆病にしているのです。

49

47

50

48

47: イタリアの飛び出し注意の標識／48: インドの飛び出し注意の標識／49: ボスニア・ヘルツェゴヴィナの飛び出し注意の標識／50: カリフォルニアの飛び出し注意の標識

アリと精霊

最後に、フランスとも日本ともまったく異なる文化におけるものの見方に、おもいをめぐらせてみましょう。その文化においては庭の手入れの仕方が問題となることはありません。そもそも庭ということばが存在しないからです。

オーストラリア北部のヨーク岬のあたりを訪れたとき、現在この国を支配するイギリス系の白人がみな同じような家に同じような庭を構えているのに対し、先住民であるアボリジニの人々の家には庭がないことに私は気がつきました。なぜ庭がないのかかれらに尋ねてみましたが、理由を知っている人はいませんでした。その後オーストラリア各地を移動し、そのたびにアボリジニの人々が住むところを見ましたが、やはりどの家にも庭はありませんでした。

この疑問のひとつの答えとなるものを見つけたのは、ヨーロッパへ戻ってからでした。アボリジニの人々が詩の形式で言い伝えてきたことを文字に起こしたものを手に入れたのです。それはいわば、アボリジニによる創世の物語でした。グリーン・ヘッド・アント（*Rhytidoponera metallica*）という、オーストラリアでしか見られないめずらしいアリが重要な役割をになっています。

「精霊は夢を見る。精霊は夢を見る力をもち、夢の秘密を知る。精霊はアリのもとを訪れる。アリは夢を見る。夢を見る力をもつ。けれども夢の秘密を知らない。そこで精霊はネズミのもとを訪れる。ネズミは夢を見る。夢を見る力をもつ。けれども夢の秘密を知らない。精霊はオニカマス、カンガルー、そのほかたくさんの動物のもとを訪れる。どの動物も夢を見るけれども、その秘密を知らない。とうとう精霊は人間のもとを訪れる。人間は夢を見る。夢を見る力をもち、その秘密を知る。精霊は仕事を終え、すっかりくたびれて、地中に眠る」

精霊はここ、私たちのすぐ足下で眠っています。起こしてはいけません。地面を掘り返したりしたら、精霊の眠りを邪魔することになってしまいます。ヴェルナー・ヘルツォークの『緑のアリが夢見るところ』という映画では、鉱山開発で地面を掘り起こすブルドーザーと闘い、そのためなら死もいとわないアボリジニの人たちの姿が描かれています。

アボリジニの人々は庭をもちません。狩猟採集文明の民として、庭をつくらずにずっと生きてきました。現在では定住生活をおくっていますが、その文化をずっと守っています。かれらにとって庭をつくることは今でもほとんど犯罪に等しいのです。この事実は、私たちの地球という庭のヴィジョンにも再検討を迫るものといえるでしょう。

エコロジーという大義名分があっても、あらゆる人間社会に同じ行動をとるよう強いることはできません。それぞれの文化のフィルターを通すことが必要になります。絶滅の危機にある生物を救うといった目的は共通であっても、方法まで同じにすることはできないのです。地球という庭のテーマでお伝えしたかったことは以上です。ご清聴ありがとうございました。

グリーン・ヘッド・アント

Column 2

映画《動いている庭》にまつわる話

Souvenirs du documentaire "Le jardin en mouvement"

澤崎 賢一
Kenichi Sawazaki

思いがけず涼しく、雨が降ったり止んだりする京都の梅雨のシトシトと滴る窓外のしずくを眺めながら、さて何を書こうかと夜の時間を弄んでいる。そういえば、僕がフランスにあるクレマンさんの庭を訪れた夏の日も、思いがけず肌寒く、曇りがかった空から唐突に太陽が顔を現したり、かと思えばいつの間にか雨が降り始めていたりと、なんとも表情豊かで、今年の梅雨のようでもあったかな、と思い出す。

僕がクレマンさんの活動を記録したドキュメンタリー映画《動いている庭》(1)を制作したのが2016年で、第8回恵比寿映像祭でのプレミア上映を皮切りに、幸運なことにこの映画は日本の主要な都市のいくつかの映画館で公開されることになった。この原稿を書いている2019年7月現在、映画を制作してから3年以上、撮影時は2015年2月と8月だから僕がクレマンさんの庭を撮影してから、まるまる4年の時が過ぎようとしている。今日もクレマンさんは、あのときと変わらぬ、庭に溶け込んでしまうための隠れ蓑のような色あせた赤いジャンパーを纏って、庭に出ているだろうか。

＊

この映画は、ほとんど奇跡的に生まれてきた。まずはきっかけに少し触れておこう。僕はアーティストとして現代美術作品を作る傍ら、映像作家として様々な記録映像も作っていたのだが、クレマンさんを撮る直接的なきっかけは、当時、総合地球環境学研究所（以下、地球研）で働いていたエマニュエル・マレスさんからの依頼である。その内容は、ジル・クレマンというフランスの庭師が、地球研主催の連続講演会のために来日し、日本各所を視察するので、その様子を記録してほしいというものだった。

このときの10日間ほどのクレマンさんの日本視察の様子は「ジル・クレマン連続講演会」(2)という地球研が制作した記録映像で見ることができる。その様子はまた、映画《動いている庭》の中でも一部紹介されるが、映画の主要な部分は、それから半年ほど後に、僕がフランスのクルーズ県にあるクレマンさんの庭をひとりで訪問したときの様子である。

僕がどのようにクレマンさんに惹きつけられていったのか。それについては、もう少しあとで触れようと思うが、この映画の成り立ちが奇跡的なのは、いくつかの偶然が重なっているからである。僕がクレマンさんの自宅の庭を撮りたい、そう思って衝動のままにフランスに出向いて行ったとき、実は映画を作る話など欠片も存在していなかった。そもそも僕は長編映画を作ったことがなかったし、映画業界に人脈もなかったから。

長編映画が生まれた直接的なきっかけは、恵比寿映像祭である。恵比寿映像祭は、東京都写真美術館をメインに、恵比寿一帯で毎年行なわれるアートと映像の祭典で、毎年異なるテーマで開催されているが、2016年に開催された第8回のテーマはクレマンさんの「動いている庭」だった。この話を聞いたとき、僕はフランスでクレマンさんを撮影した映像素材の確認作業をしながら、どうやってアウトリーチできるかを模索しているところだった。そんな折、恵比寿映像祭のキュレーターである田坂博子さんから、メイン会場のひとつである恵比寿ガーデンシネマで公開するために、長編映画として制作できないかという打診があったのである。

公開するための場がすでにあり、求められていることが明確であれば、物事は自然と動き出すものである。不慣れなことにともなう労苦はもちろんあったが、そこからプレミア上映までは早かったように思い出される。上映初日、一緒に編集作業を行なってきたエマニュエルさんと初めて映画館で自分たちが作った作品を見たときは、妙な緊張と一緒に感慨深いものが込み上げてきたものだ。

＊

映画の中で京都の町並みを歩くクレマンさんは、いつも物静かで周囲に目を配りながらときおり足を止め、じっと何かを見つめては聞き取れぬような声でつぶやき、写真を撮る。決して急ぐことなく、ゆっくりとじっくりと観察しながら、傍らに寄り添うエマニュエルさんと山内さんに質問を繰り返していく。

道端ですれ違う柴犬、立ち飲み屋で食べるごぼう、料亭でテーブル上に並べられた様々なかたちや装飾の小皿、池の中に揺らめく錦鯉等々、クレマンさんの興味がそういった暮らしの中にありふれたものにあったことは、僕にとってとても興味深かった。

僕は最初、クレマンさんが視線の先に何を見ているのかが分からないことが何度かあった。カメラマンとしては、周囲の状況を鑑み、被写体の視線の先を読み、次にどのような動きをするのかを予想しながら態勢を整えるものだが、クレマンさんの場合、次にどこにカメラをクロースアップすればよいのかが分からなかったのだ。カメラを介して撮影をする過程において、徐々に新しいまなざしの作法を体得していく体験は、これまでにないスリリングなプロセスだった。

僕はかれこれ5年間以上京都に暮らしていたのだが、自分が住み慣れている町並みをクレマンさんのまなざしからじっくり眺めていくと、よく知っているはずの風景までもがなんだか見慣れぬものに感じられてくるからおもしろかった。

＊

僕が日本で視察するクレマンさんを撮影し始めたとき、フランス語を解さぬ僕がクレマンさんのことを知るための手がかりは、日本での連続講演会開催のきっかけでもあった、山内朋樹さんが日本語に翻訳したクレマンさんの著作『動いている庭』や、同じく山内さんのクレマンさんについての論文などで、とても限定されていた。にもかかわらず、クレマンさんのテキスト、特に詩的な言葉はとても印象的だった。映画《動いている庭》

の冒頭で、僕はクレマンさんの言葉を著作『動いている庭』から引用している。

いかなる形にも定められない存在として用意された庭。それがどんな見かけになるのか、想像するのは難しい。

わたしの考えでは、庭こそ形によって判断されるべきではない。むしろ存在することのある種の幸福、それを翻訳することができるかどうかで判断されるべきだろう。〔3〕

改めて読み返してみると、とても不思議な言葉である。庭について語っているのに、その庭は「いかなる形にも定められない」し、庭が庭であるための条件は、「存在することのある種の幸福、それを翻訳することができるかどうか」で決まるのである。つまり、クレマンさんにとって庭とは、「存在することの幸福を翻訳できるもの」なのである。しかし一体、「存在することの幸福」とは何だろう？　また、それを「翻訳する」とはどういう意味だろう？

*

薄暗い部屋の中、しばらくラップトップの前で腕を組み、次第に窓外の雨足が強くなってきたのに耳を澄ませる。すると、その雨音が僕の身体に働きかけ、記憶に感触が伴いはじめる。

クレマンさんは、京都の老舗刃物店の有次で手に入れた剪定鋏を片手に、樹木の葉をパリパリと鳴らす雨粒を受けながら、黙々とひとり自宅の庭で枝を切り落としている。

すでにずいぶん長い時間撮影しただろうか。いつの間にか大粒の雨が降り注いでいて、辺りは日が暮れ、薄暗くなっている。カメラのモニターと人間の目とは感度が違って眼の前の光景の見え方が異なるものだが、モニターから顔を上げると、思いがけず薄闇に包まれていることに小さな驚きを覚える。クレマンさんは、カメラをほとんど意識することなく、いつもの作業にいつもと同じように従事しているように見えた。と同時に、撮影をしている僕とクレマンさんのあいだには、意識が絶妙な距離感を保ちながら働きかけあっているような気もした。それはまるで即興的なダンスのようにも感じられた。

クレマンさんが雨の中でひとり、ただ黙々と庭作業をやっている。僕が最も好きなシーンで、映画《動いている庭》のクライマックスである。

*

クレマンさんを撮影する体験は、僕にとってこれまでにない不思議なものであった。僕はそれまでにも多くの人物にカメラを向けてきたが、クレマンさんは、なんというか、言葉にすると面はゆいが、すべてに寛容で優しさに溢れているのである。人にカメラを向けるという行為は、時に被写体となる人に過度のストレスを与える。そうでなくとも、少なからず緊張を強いるものである。ゆえに、撮影する側としてもそれなりに気を配る必要があるし、そういう緊張感をうまく活かすのか、解きほぐすための手段を講ずるのか、などと思案するものだ。

ところがクレマンさんは、撮影の最初期を除き、ほとんどカメラを意識していないように見えた。あるいはまなざしを受け入れている、とでも言えようか。僕は、クレマンさんを撮影しているとき、うつりゆく自然に寄り添っているような感覚を覚えた。先のクライマックスでも、特に事前に打合せをしたり細かな要望を伝えていたりしたわけではないが、流れるように彼の動きに寄り添うことは、無理のない、むしろとても自然で心地の良いものだった。

＊

――できるだけあわせて、なるべく逆らわない――これは、映画の中でも何度か出てくるクレマンさんの庭師としての基本的な姿勢である。この言葉はそのまま僕のカメラマンとして、あるいは映像作家としての姿勢にも連なっている。それは必然というべきものだった。

クレマンさんの言葉が生きた力のようなものを感じさせるのは、彼の言葉が読み手や聞き手自身にも向けられ語りかけられているように感じられるからだと思う。恵比寿映像祭のような芸術の祭典のテーマに採用されるのも、ひとりひとりに届く言葉が、良い意味でいろんな誤読を生み出し、新たな創造性を導き出すからに違いない。

映画の最後でも、僕はクレマンさんの著作『動いている庭』の言葉を引用している。「続きを待ちながら」と題されたこの言葉もまた、広大でうつくしい樹木に覆われた「動いている庭」に誘われ、ほとんど衝動的にカメラを手にしている僕自身に向けて語りかけられ、あるいは僕自身が試されているようにも思えてならなかった。

　たった一度の旅でも、そこで見た風景の均衡をとらえてしまうこと。風景に隠されたさまざまな扉から庭にいたること。その扉は、風景の見方が引き裂かれてしまうことをも恐れない人々のためにだけ開かれている。

　調理台の上に散らばるパン屑のように、真実の数々をばらまいておくこと。けれども、どんな真実もばらばらのままにせず、まるごと理解すること。ひとつの仮説にしたがって、不意にそれらを組み合わせてみること。とどまろうとする傾向に逆らうこと。

　創出は生じるままにしておくこと。ある創出に、また別の創出が続いていくから。

　進化とともにあれ。(4)

＊

クレマンさんの庭は、確かに「存在することの幸福」を感じさせる場所だった。クレマンさんとの時間は、驚きや発見に満ちていて、好奇心を刺激されながらもクレマンさんの人柄と相まって、とても豊かな心地よさに溢れていた。暖炉のある手作りの家、自給自足のための太陽光発電、自宅の畑で採れたトマトなどの野菜、谷の水辺に遊ぶサンショウウオ、そして日本の桂や紅葉（もみじ）やシャクナゲも含んだ多種多様な植物たち。

たぶん、ここで感じることのできる「幸福」は、いろんな試行錯誤の結果であり、その試行錯誤もまた「幸福」なプロセスだったのだろう。長靴のかっぽかっぽという気持ちの良い音を奏でながらしっかりとした足取りで歩く古希を過ぎた翁が、「谷の庭」「野原」「草原のいかだ」など、自分の子供のように名付けた庭や場所や空間をひとつひとつ得意げに案内している様子からもその幸福感が伝わってくる。

そこには、「存在することの幸福」を「翻訳」するための確かな技術があり、思想がある。

僕の心もとない経験と技術にもとづく「仮説にしたがって、真実の数々を不意に組み合わせる」ように編まれたこの映画は果たして、クレマンさんの「動いている庭」に「存在することの幸福」を、ほんの少しでも「翻訳」できているだろうか。

註

〔1〕映画《動いている庭》（澤崎賢一監督作品、日本・フランス、85分、2016年）は、「第8回恵比寿映像祭」（恵比寿ガーデンシネマ、2016年）にてプレミア上映、その後、国内外の映画館などで劇場公開された。クレマンは、地球研が主催した連続講演会のために、2015年に初めて日本を訪れた。自然に寄り添い、かたちづくられ、変化し続ける彼の庭は、従来の自然と文化を截然と切り離す二分法に基づく思考の再構成を促すものである。本作では、クレマンの日本での講演や視察、暮らしの目線から記録されたフランスの自宅の庭などを見ることができる。公式ウェブサイト：http://garden-in-movement.com/

〔2〕記録映像《ジル・クレマン連続講演会》（日本、26分、2015年）は、地球研の活動成果の一部として制作され、Apple社が提供する iTunes U Best of 2016に選出されるなど、研究活動を端的に補足する以上の訴求力で成果還元に貢献した。映像作品および連続講演会の概要については、地球研のウェブサイトで見ることができる。https://www.chikyu.ac.jp/publicity/events/etc/2015/0221_23_27.html

〔3〕ジル・クレマン（山内朋樹訳）『動いている庭』みすず書房、2015年、10頁

〔4〕前掲〔3〕、168頁。

澤崎賢一（さわざき・けんいち）

2015年にジル・クレマン連続講演会を撮影し、2016年にはドキュメンタリー映画「動いている庭」を監督。映画は、第8回恵比寿映像祭で初上映されてから、国内外で広く公開されている。

N° 25
N° 23
C
19
N° 350
22
23
24
25
26
27
28
29
30
31
32
33
34

N° 55
EXPOSITIONS
ACTIVITES ET ACCUEIL
ACCUEIL GENERAL
N° 224
N° 222
N° 220
N° 226
RUE DE L'UNIVERSITE

Concept 3

第三風景

都市のビオロジー

今日の講演では、生物多様性と都市というテーマで話をします。地球をあちらこちらとまわりながら、多様性がどのようなところに宿っているのかを見ていきたいとおもいます。

note

2015年2月21日
東京・日仏会館にて

Le tiers paysage

La biologie urbaine
le 21 février 2015
Maison franco-japonaise, Tokyo

アルゼンチンの首都ブエノス・アイレス郊外の第三風景

生物多様性の宿るところ

人間に放置されたままの土地をすべてひっくるめて、「第三風景」と私は呼んでいます。これは、フランス中部のリムーザンという地域に見られる2つのタイプの風景を、私が分析して導き出した概念です。その2つのタイプとは、広大な森林／陰と、リムーザン牛をはじめとする家畜を放牧するひらけた土地／光です。そのどちらからも、生物多様性は失われていました。それに対して第三の風景は多様性の風景なのです。

人間があまり足を踏み入れない場所に、私は多様な生き物を見出しました。斜面、岩場、湿地、幹線道路沿いなど、アクセスが不便で管理の手が行き届かないところです。人間が一度入ってから放棄されたところも、一度も人間に占用されたことのないところもあります。第三風景に庭師はいません。よそから来た多様性をただ受け容れてうまれた風景なのです。

ヨーロッパでは放棄地、すなわち人が手入れをしなくなった土地、住まなくなった土地の問題がとりあげられています。これはこの1世紀で見られるようになった注目すべき動向です。放棄された土地では徐々に生物の多様性が増大します。荒れ地になるということですが、そう言うと何かよくないことのように感じますね。土地に働きかける人間の力が失われたことを強く印象付けるからです。しかし生物多様性という観点からすれば、荒れ地はまさに宝庫です。そこでは新しい植物が次から次へと現れ、最後には「極相」と呼ばれる、環境に最適な植生へと至ります。多くの場合、それは森林です［01］。

森林では、見た目には生物の多様性は減少します。じっさいには多様な植物が種子の状態で存在し、日光が当たるようになるのを休眠して待っています。一方、湿地や岩場ではじつに多彩な植物が見られます。

01: 風景と生物の多様性（ジル・クレマン筆）　スケッチ内の文字は次のとおり。
スケッチ上（左から）：「リムーザン地域周辺の風景／光」「リムーザン地域の主な風景／光と陰の平衡」「ヴァシヴィエール湖周辺の風景／陰」
スケッチ下（左から）：「原生林と保護地区：特殊で特定の多様性が高い／安定した種の変遷、活発度が低い／地域性が高い」「放棄地：不均質な特定の多様性（在来＋外来種）／不安定な種の変遷／地域性が低い」「管理された空間：特定の多様性が低い、もしくはない／人工的に管理されている種の変遷／地域性が低い、もしくはない」

もっとも多くの植物が目に見える状態であるのはこういうところです。

私はときどき学生たちにこう言います。「庭師という仕事は、何もしなければ、すべての人に有用である」。こう言える仕事はなかなかないでしょう。この言葉の意味は、もし庭師が何もしなければ私たちの土地はすべて森林になり、森林がうみだす酸素は誰もが必要とし、分かち合うものであるから、ということです。

世界各地の第三風景

私の言う第三風景の実例として、世界各地の都市に宿る生物多様性をいくつか紹介します。

私は日本に来たばかりですが、国土のうちアクセスが容易な土地を人間が占領し、山間部に生物の多様性が集中しているのは明らかです。飛行機の窓から大阪の市街を見て、土地がことごとく人間の利用に供されていることがまず強く印象に残りました[02]。しかしすぐに、市街地から離れると緑に覆われた山地が広がっているのがわかります[03]。工業用地・住宅用地としての人間の土地利用、その身近にある第三風景、そしてどっしりと連なる山々まで、すべてを同時に視野におさめることができるというのは、なかなか興味深いものです。

この光景を見て、日本では、人間に属し人間が利用することのできる領域である「里山」と、人間の手が及ばない遠くにあり、何らかの聖なるものの領域である「奥山」とが区別されるという、ヴェルサイユの高等造園学校に学ぶ日本人学生の話を私は思い出しました。今は日本でも耕作放棄地が出てきて里山は消えつつあると聞いています。

第三風景には決まった尺度といったものがありません。人口が密集した都市であっても小さなすき間があり、多様性の受け皿となる場所がつねにあります。たとえば、オーストラリアでよくみられるチカラシバ（*Pennisetum alopecuroides*）というイネ科

02: 飛行機の窓から見た、大阪の市街地

03: 飛行機の窓から見た、関西国際空港付近の山間部と海岸線

04: オーストラリア、ブリスベン市の第三風景

の植物があります。大都市ブリスベンの第三風景である空き地に居場所を見つけたようです［04］。しかし町中の庭や公園でチカラシバを見ることはまずありません。地元の人たちから嫌われているからです。「雑草」だとされているのです。しかし雑草とはいったい何でしょうか。フランスでは同じチカラシバが園芸店でとても高値で売られています。ということはつまり、雑草という概念は完全に文化的枠組みからうまれたものであり、なんら生物学的な実体をもつものではありません。同じ植物が、こちらではよいとされ、あちらでは悪いとされているのです。私に言わせれば、植物とは生きているもの、ただそれだけです。それに寄り添うのが私の仕事です。

この地球上には、いわばその内部で空気の循環が成り立っているような、豊かな緑地をもつ都市があります。ヴェトナムのホーチミンには緑がたくさんあります。インドネシアにも何度か行きましたが、とても強く印象に残っているのは、水田がいたるところにあることでした。つまり、この地での米の生産は都市の真ん中でも行なわれているのです。しかしこうしたところでは、人間の手による管理がしっかりと行き届いているので、生物の多様性が豊かであるとは言えないのが実状です。ホーチミンの緑を構成するのも菜園や水田であり、人々がせっせと土地を手入れするあまり、空き地がむしろ珍しいものとなっています。インドネシアでも同じような事情でした。放っておかれる土地があったほうが多様性は増大するものです。

都市について考えるうえでもっとも憂慮すべき問題は、その拡大のスピード、そして地面の舗装化です。耕作地でも、第三風景を含む土地全体でも、それは同じです。都市が拡大すると、地面がことごとく市街地・道路・空港などによって被いかくされてしまいます。フランスでは、都市化、道路工事、空港建設などにより、7年ごとに国土の1パーセント（約5000平方キロメートル）に相当する地面が舗装されています。都市および工業地がこのように拡大すれば、問題が生じないわけがありません。

地球全体で、都市化の伸展による総合的な問題が起こっているように思われます。自分たちが食べるものを与えてくれる土地を破壊する、それは言ってみれば、食料庫そのものを食いつぶしているのと同じです。この状況に対する埋め合わせ、というより応答としてヨーロッパの各地で取り組みが進んでいるのが、町なかのちょっとした土地を、大規模な家庭菜園のように活用することです。これは最近になって現れた動きで、経済学の新しい動向とも重なるものです。その動向とは、生産と配送を地域コミュニティが主体となって行なうことです。大規模農業が前提とするのはその反対で、遠くで大量生産されたものを巨大物流ネットワークで流通させ、地元で手作りされたものよりかなり高値で、場合によっては非常な高値で販売することです。

集約農業と単一栽培の問題もまた深刻です。これは北米モデル、すなわち農耕と牧畜を工業的に経営するというヴィジョンが、ヨーロッパにも導入されたためです。機械と化学薬品の使用によって、都市化されていない土地からでもことごとく収益を上げることができると考えられていたのです。これらの技術によって自然を支配し、大勢の人々に食料を供給することができるという幻想を、みなが信じていたのです。じっさいにはそれが完全な期待はずれだったことが明らかになりました。食料供給は微々たるものにとどまる一方で、環境破壊は途方もない規模に達しています。単一栽培とは、特化して生産性を上げるという、数字ですべてを評価する考え方そのものであり、私に言わせれば、その行きつく先は人類の破滅です。この問題は私たちがおもっているよりずっと重大なことにかかわるのです。

私はインドネシアのバリ島に少しのあいだ滞在したことがあります。そこでも土地開発が行なわれてはいましたが、人々の日中の活動はじつにさまざまでした。人間の多面性というものが失われていない生活がそこにはありました。ひとりの人間が一日のうちで、庭師、米づくり農家、商人、画家、政治家でありうるのです。これはめったに見られることではありません。

都市のなかには拡大しないままとなったものもあります。例を少しあげておきましょう。南アフリカのソウェトという町は、土地の湿気が高すぎました。ここはヨハネスブルクの金鉱で働く人のために建設された住宅地です［05］。しかし地盤がぬかるんで住宅建設に不向きなところは手つかずのままになっています［06］。このような都市建設のありようを見ると、人間がいかに景観をないがしろにしているか、いかに地球の表皮を占拠したうえで傷つけているか、よくわかるのではないでしょうか。

どのようなものであれ、土地の再開発では半端な空き地が生じるものです。たとえ

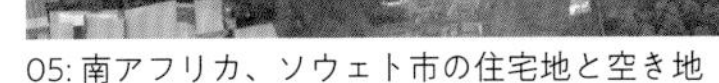

05: 南アフリカ、ソウェト市の住宅地と空き地

06: 南アフリカ、ソウェト市の開発されなかった土地は第三風景と化した

ば高速道路の出入り口で、道が大きくループを描いている中の部分の土地は利用のしようがなく、生物の多様性の受け皿となっています［07］。とくにある種の動物はここを安全な隠れ家としているようです。

このようなケースは、町から遠く離れた道路沿い［08］に限られるものではありません。パリのオフィス街であるラ・デファンス地区の道路脇は、温暖な異国からやってきた植物の避難場所となっています［09］。南アメリカ原産のシロガネヨシ（*Cortaderia selloana*）、中国原産のニワウルシ（*Ailanthus altissima*）などが見られます。

第三風景ではたいていの場合、パイオニア植物が地面をおおっています。これらは外来種で競争に強いのです。生長の抑制因子となる菌類、寄生者、捕食者をもたないからです。そのためこれらの植物はどんどん広がり、ときには壮観を呈するほどになることもあります。

現在、パリの第三風景を構成する植物には、中国（ニワウルシやフジウツギ *Buddleja*）、南北アメリカ大陸（シロガネヨシ）などからやってきたものが何種類もあります。そこに当然ながらヨーロッパ原産のものがいくつか加わります。これらの異なる地域の植物の集合体は、地球規模の混淆の産物であり、それが新たに出現する生態系と私たちが名づけるものを形成します。そしてまさに第三風景こそは、この新

07

08

09

07: フランスの高速道路沿いの第三風景／08: フランスの県道沿いの第三風景／09: パリの外環状道路沿いの第三風景

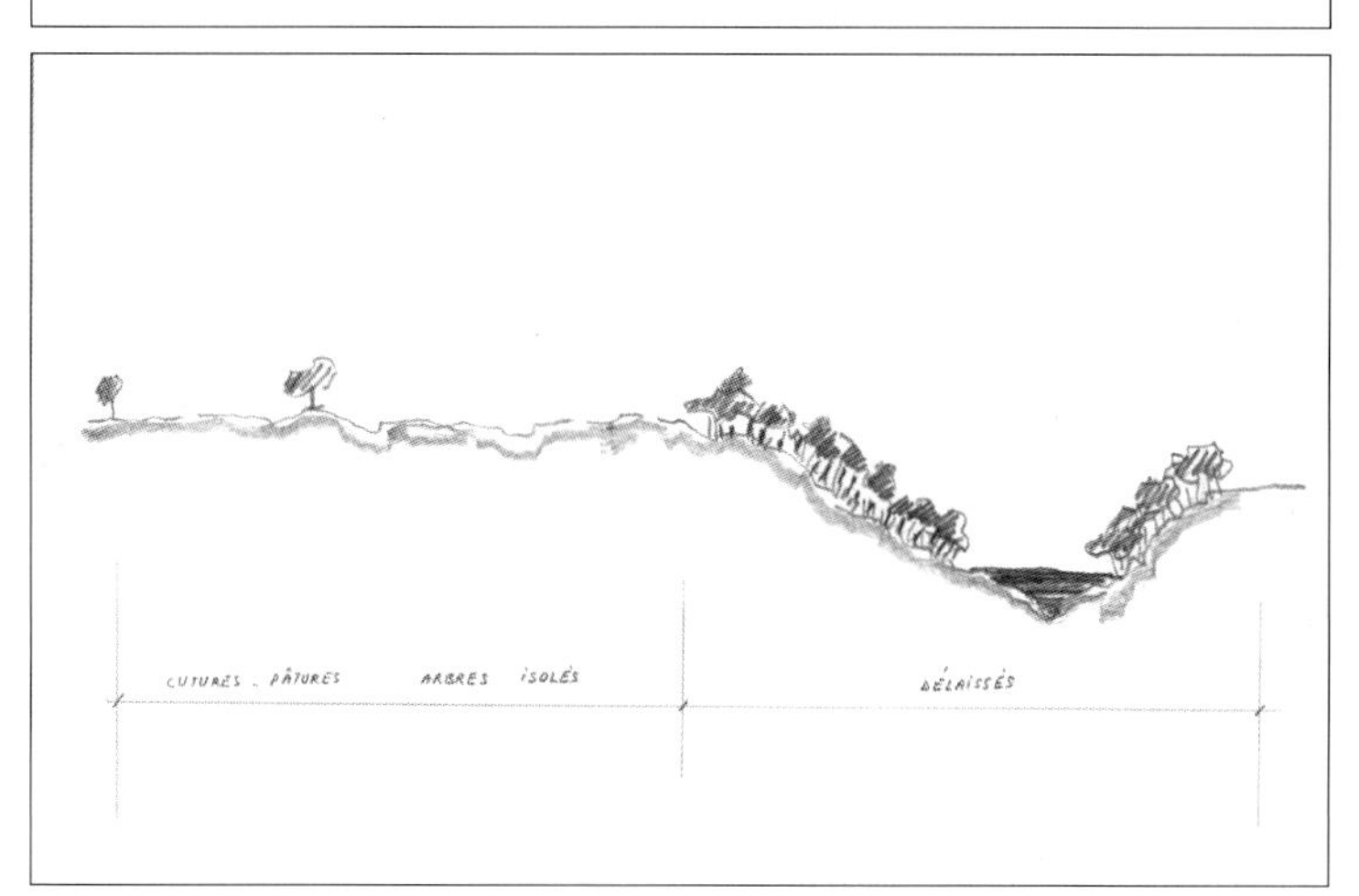

10: 傾斜地の放棄による「風景の逆転」（ジル・クレマン筆）
スケッチ内の文字は次のとおり。スケッチ上：（左から）「耕地・牧草地」「林」「（上）垣根（下）耕地・　牧草地」「荒れ地（牧草地）」「河畔林」「荒れ地」、スケッチ下：（左から）「耕地・牧草地」「独立樹」「放棄地」

たに出現する生態系の誕生に適した領域なのです。

アルゼンチンの首都ブエノス・アイレス郊外の高台に、広大な土地が放棄されたままになっています［11］。市街地の拡大を見越して整地されたのですが、（私たちを襲ったリーマン・ショックに先立って）この国を襲った経済危機によりその計画は断念され、そこへ植物がやってきて根を下ろしたのでした。今ではこの一帯は、ブエノス・アイレス市が指定する環境保護地区になっています。当初の計画とは正反対の、とても興味深い結果であると言えるでしょう。

ヨーロッパにおいて、もしかすると日本でも、生じているある現象についても少しふれたいとおもいます。それは傾斜地の放棄という現象です。フランスでは、傾斜地にかつてはヒツジ、ヤギ、ウシなどを放牧していました。今ではこうした土地は森林におおわれています。風景として完全に閉じたものとなってしまいました［10］。

なぜそうなったかというと、農作業の機械化によって家畜を飼う必要がなくなり、放牧地だった傾斜地に樹木が育つようになったからです。

それから、紛争地も忘れてはなりません。境界線とその周囲に設けられた無人地帯（ノーマンズランド）が世界各地にあります。アメリカとメキシコ、北朝鮮と韓国、イスラエルとパレスチナ……［12］。これらの場所で生物多様性が豊かなのは、まさに人間がそこではほとんど何もしないからです。こうした無人地帯のうちのいくつかは、一種の環境保全区域となっています。喜ぶべきことではありませんが、事実です。アメリカとメキシコの国境の壁は海岸まで続いています［13］。近くを流れるティファナ川の河口一帯は今日では環境保全区域となっていますが、それはまさしくこの一帯が無人地帯とされてきたからです。

このような環境保全区域、もしくは立ち入りの禁止や困難のためにこれまで生物の多様性が保たれてきた領域について、最後に一言。西アフリカ、ガボンのマングローブ保全林［14］などの模範的なところもまだありますが、世界的に見れば、こうした領域はもう多くは残っていません。

11		
14	13	12

11: ブエノス・アイレス郊外のマタンサ川流域は自然多様性の保護地区となっている／12、13: アメリカとメキシコの国境に建つ壁／14: 西アフリカ、ガボンのマングローブ保全林

第三風景宣言

第三風景というものをどう表現するか。２００６年、私はモントリオールにあるカナダ建築センター（ＣＣＡ）の展覧会に出展しました[15]。そこでは、あるオブジェによって自分の考えを表わしてみることにしました。そのオブジェとは、シャンデリアです。ＣＣＡの建物の裏は手入れされていない斜面になっており、そこで拾い集めたさまざまなものを透明な樹脂に封じ込めて、シャンデリアのように天井から吊るしたのです[16]。見てもらいたかったのは、その多様性です。

それでも、拾い集めたものすべてを吊るすと重すぎるので、展示できたのはほんの一部でした。このシャンデリアは、周囲に光ではなく影を投げかけるようになっています[17]。

しかし、第三風景の概念が都市整備計画の発注者である各都市の当局に知られるようになったのは、もっぱら『第三風景宣言』（２００４）という本を私が書いてからでした。２０１０年、南仏の大きな町であるモンペリエの市役所から、放置状態になっている市有地の調査をしてほしいという依頼が来ました。そこで私は景観デザイン事務所に協力してもらって地図を作製し、放置され植物が茂っているところを赤、

Tiers paysage | Third Landscape

15

16

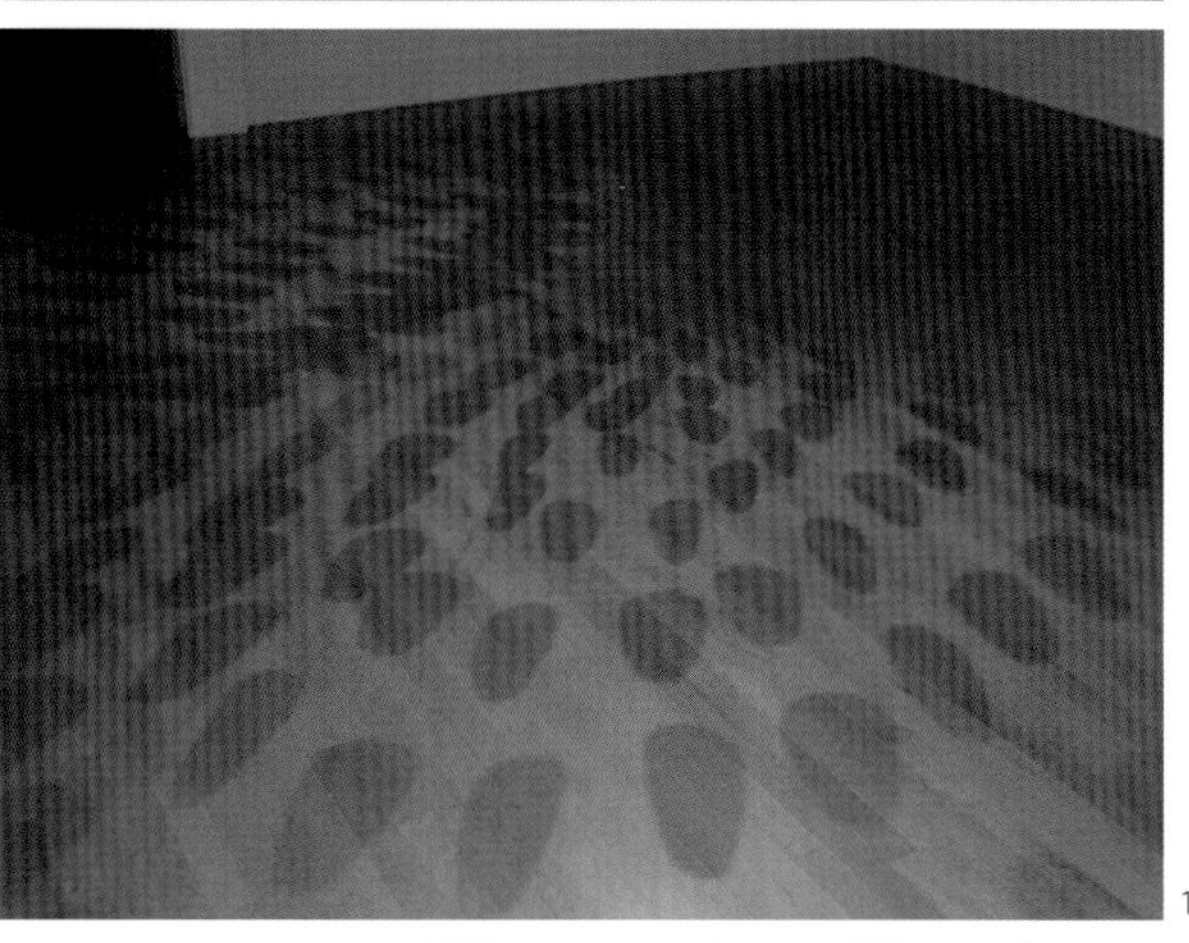

17

15: モントリオールのカナダ建築センターで開催された「第三風景」展示／16、17: 会場の近くで拾い集めたさまざまなものでつくったシャンデリアは光ではなく、影を投げかける

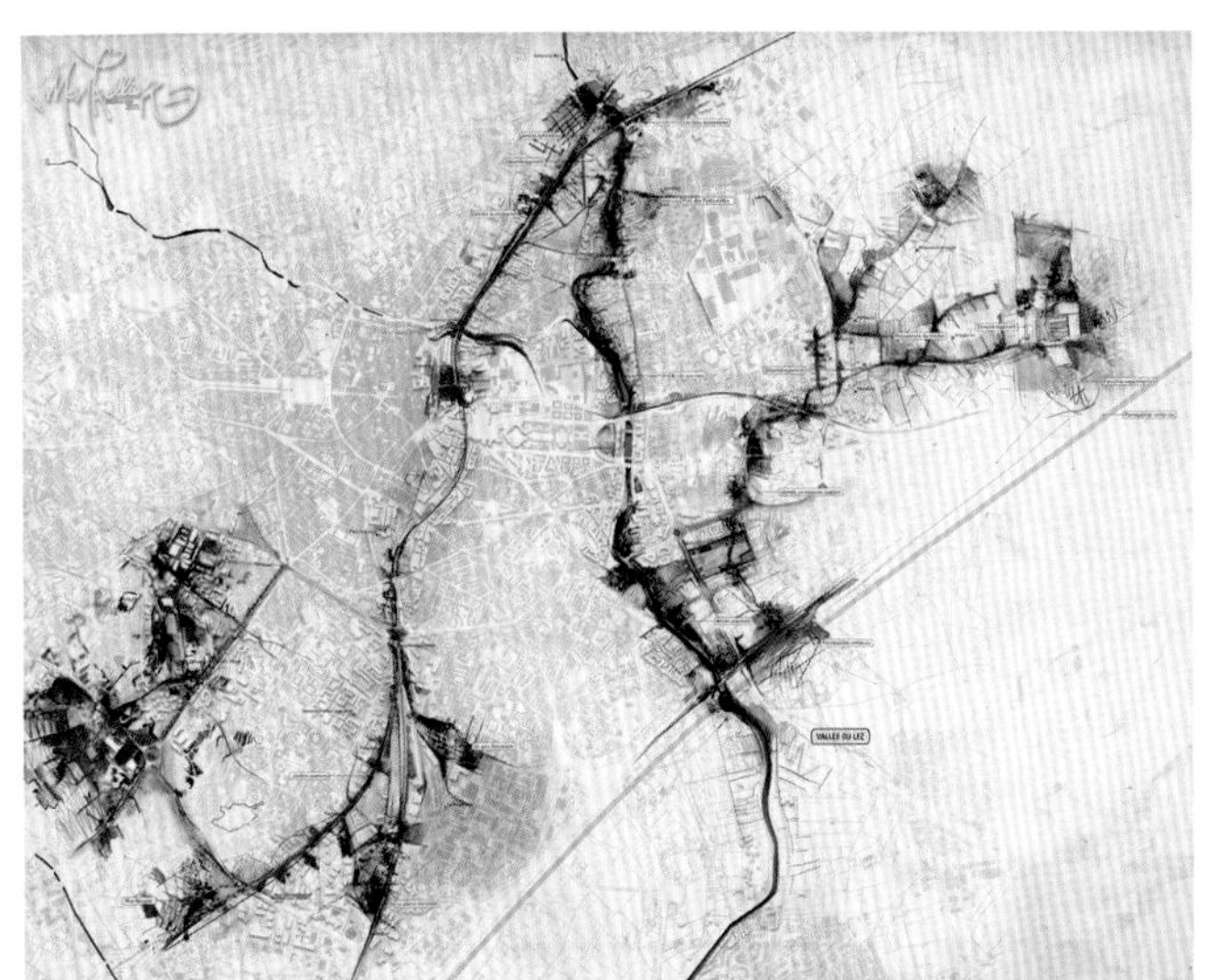

18: フランス、モンペリエ市における第三風景の配置図（ファビエン・ダヴィッド筆）

公園として整備されているところを緑に色分けしました［18］。そのねらいは、どちらにも同等の価値があり、どちらも大事であるということを明確に示すことでした。

地図の作製による分析と位置の確定を経て、私たちは3つの案を提示しました。1つ目は、これらの土地を整備するという案です。この学校の前は公園に、この施設の前は運動場に、といった具合に。2つ目は、生物多様性を守りつつも、狭隘なところは通行しやすいよう整えるという案です。そして3つ目、これが非常に重要なのですが、何もしないという案です。一切何もしない。これらの場所に見られる生物多様性はすでに高度に発展しており、それを保全しさえすれば十分だということです。

この頃では、田舎では見なくなった生物種が都会で見られるということがあります。たとえば、大都市パリでつくられるため「コンクリート・ハチミツ」などとも呼ばれるハチミツがありますが、これはパリの屋根の下で安全に暮らすミツバチが集めた蜜でつくっています。その一方、パリ郊外の農地では、農薬などに含まれる有毒物質のためにミツバチの数が急速に減っています。フランスは不幸にも、ヨーロッパで有毒物質の使用量がもっとも多い国のひとつなのです。そこで、次のような問いを立てることができるでしょう。都市は生物多様性を守る場所であるのか、否か。このような問いが立つこと自体、20年前には考えられませんでした。まさにこの点において、地図作製による都市の第三風景の把握ということが重要となってくるのです。生物多様性の危機はすなわち人類の危機です。なぜならば人間は自然に、この多様性に依存しないと生きられないからです。

自然界には、植物界と動物界があります。後者は前者に依存するという関係にあります。動物は従属栄養生物であり、植物は独立栄養生物です。言い換えれば、あらゆる動物は捕食者であり、食べ物を求めて移動しなければなりません。人間もしかりです。植物は光合成によって自分で必要な栄養をつくりだすことができます。これはとてつもない能力です。この能力のおかげで植物界は、何らかの危機・大災害が襲ったときに、われわれ人間の属する動物界とくらべて、よりよく、より長く生きられるとみて間違いないでしょう。

だからこそ、私たちはきわめて慎重でなくてはなりません。生物多様性というものに私たちが依存し、そこから必要なものを得るからには、まずそれを守らなければなりません。この、生物多様性保護の必要性という観点から見れば、その受け皿となっている場所、とくに手入れもされていないのに多様性のいわば宝庫となっている場所、すなわち私が「第三風景」と呼ぶところの場所の重要性が、おのずと明らかになるでしょう。

アンリ・マティス公園

第三風景というものを、庭師として表現し演出するにはどのようなプロジェクトが適しているのか。私はそれを探るべく、いろいろなことを試してきました。

その最初が、アンリ・マティス公園でした。フランス北部の都市リールの再開発で、高速鉄道TGVの駅と巨大なショッピングセンターと一緒につくられた広さ8ヘクタールの公園です。先ほどお話ししたように、再開発などの整備事業ではどうしても半端な土地が残ってしまうもので、このケースでは、半地下駅の建設で出た大量の瓦礫交じりの残土が巨大な島のように積み上げられた場所が、まさにそれでした。私はこの残骸の地形としての島をそのまま残して、生物多様性を迎え入れる場としてさだめ、周りをすべて芝地にしました[19]。第三風景を表現するのはしたがって中央の残骸の島、名づけてデルボランス島です〔デルボランスはスイスの地名。18世紀に起きた巨大な山崩れの上に植物が茂り、今では保護地区になっている〕[20]。

この島の壁は天然の岩壁に見えますが、実はコンクリートで固めたものです[21]。何から何までが人工のものなのです。この上の平らな部分に、さまざまな植物がひとりでにやってきました。町の真ん中の島が、自然の働きに人々が気づくための象徴となったというわけです。生息する植物と昆虫の集計が定期的に行なわれ、自然に生じる種の変化がどこまで進んでいるかを確認します。

この公園の構想を立てたのは今から約25年前でした。当時、市の上層部は私の案に懸念を抱いていました。この島をできればなくしてしまいたいと考えていたのです。結局、まるでみっともないものを隠す

19

20

19: アンリ・マティス公園の設計図。中央の白い部分は芝地／20: デルボランス島のエスキース（ジル・クレマン筆）

note

Le parc Henri Matisse, Lille

構想：ジル・クレマン、アンプラント都市設計事務所
協力：クロード・クルトキュイス
発注者：ユーラリール公共整備機構
面積：8 ヘクタール
所在地：フランス、リール
造成：1990-1995 年

ように、島の周りにぐるりと木を植えるということで決着しました［22］。今日ではむしろこれらの木を切り、島に見られる自然の意義を理解してもらうべきだと考えられるようになっています。時間がたつにつれ島は木立におおわれ、市の緑地課が2年に一度、生物の調査を行なっています［23］。公園の残りの部分も生態系に配慮して管理されています。8ヘクタールの広さにわたり、動いている庭の理念にそった手入れが行なわれているのです［24］。

Le parc Henri Matisse

21、22: アンリ・マティス公園の中央にたつデルボランス島は生物多様性の保護地区／23: 2年に一度生物の調査を行なっている／24: アンリ・マティス公園は「動いている庭」の理念にそって手入れされる

地衣類の展望台

第三風景にかかわる私の2つめの実践は、とてもささやかなものでした。第三風景がやってくるための空間をつくるのではなく、すでにある第三風景のなかに小さなデッキを設置しただけです［25］。この一帯は傾斜地になっていて、かつては段々畑にして耕作が行なわれていましたが、今では放棄されそのほぼ全体が森林におおわれています。

このデッキを地衣類の展望台と名づけたのは、ここから周囲の景色、すなわちかつて段々畑でいまは森となった風景が見渡せると同時に、地衣類の多様性も観察できるからです。風景からぐんとスケールを小さくして、すぐ足元の岩を見ると、そこに地衣類が生えているのです［26］。地衣類は非常に精度の高い生物指標です。いくつかの種は、大気の状態や水素イオン濃度、その他さまざまな生物学的・化学的性質の指標とすることができます。ここには私が確認できただけで4種ありましたが、一緒に来た地衣類の専門家は21種も確認できたそうです。

25: 展望台からは遠くの山を一望できる

26: 展望台は足元にある21種の地衣類を観察するための装置でもある

note

Le belvédère des lichens, Ardèche

構想：ジル・クレマン
協力：アントワヌ・クナルデル
発注者：ローズ散策路協会
面積：300平方メートル
所在地：フランス、アルデシュ
造成：2007年

ジュール・リエフェル農業高校の庭

第三風景を、教育の一環としてとらえることはできないものか。私はこの取り組みを12年前から、ジュール・リエフェル農業高校と共同で6ヘクタールの土地を使って行なっています。高校敷地内で放置されていたこの土地を、生徒たちと一緒に、第三風景の原則を実践する場にしようというのです［27］。

この課外授業には予算がつきませんが、そんなことは大した問題ではありません。すでにある材料を用いるだけで、何もあらたには付け加えないからです。最初のステップは植物と昆虫それぞれの名前と見分け方を知ることです。たとえば、このチョウはベニモンマダラ（*Zygaena*）といって、湿地の植物であるシモツケソウ（*Filipendula*）が生えているところでよく見られる、といった具合に。そこから、生態系や生き物どうしの関係の説明に進みます。そして生徒たちにこう言います。「この場所を庭に作りかえてみよう。思いついたことは何でもやっていいよ」。お金をかけられないので、できあがる結果はとても大雑把なもので、短命です。次の年の生徒は好きなように作りかえる権利があります。これがもう12年続いています［30、31］。

年度が替わるごとに、設置されていたものは撤去され新しいものと入れ替わります。常に変化しています。大事なのは、基本となる

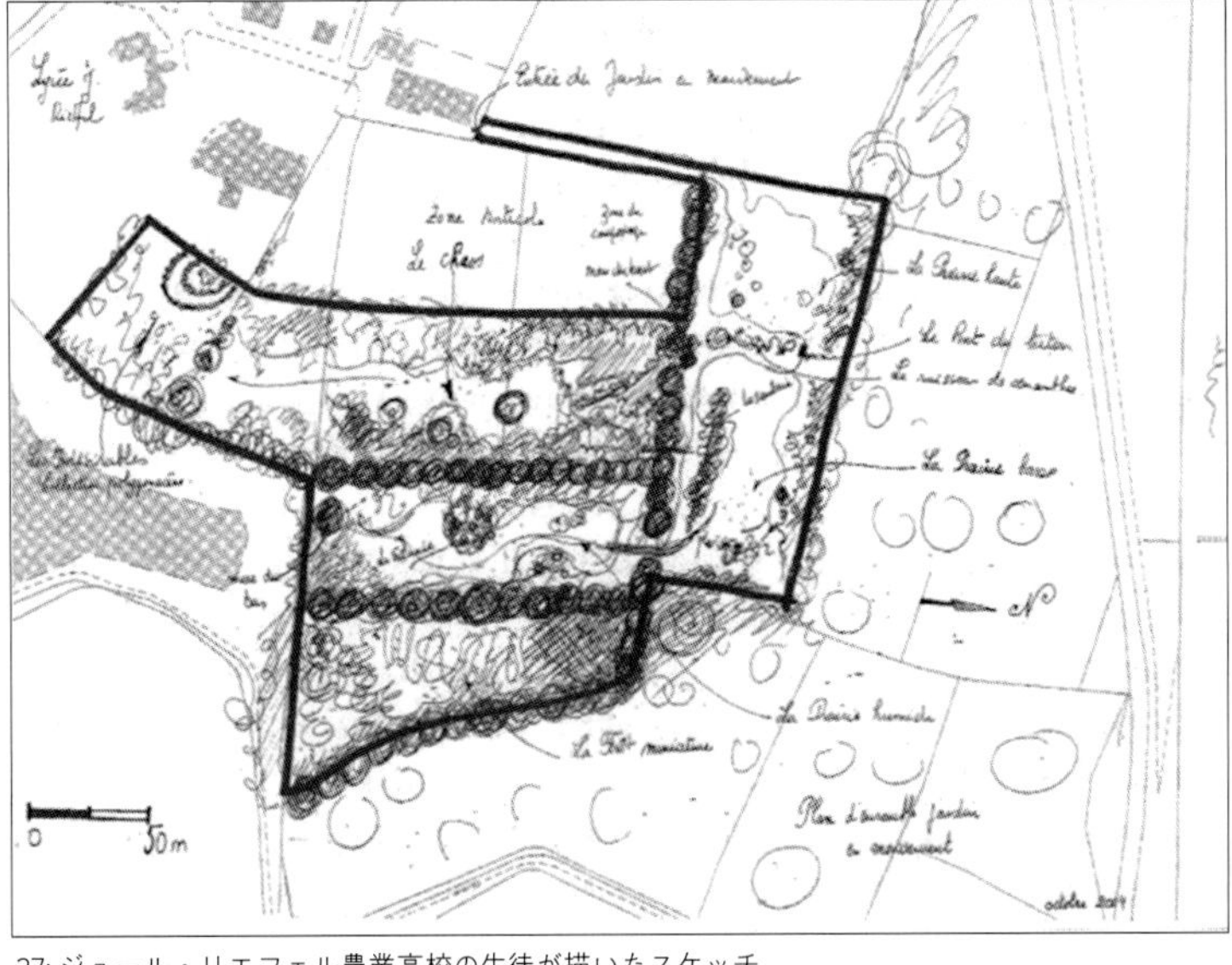

27: ジュール・リエフェル農業高校の生徒が描いたスケッチ

ベニモンマダラ

note

Le jardin du lycée Jules Rieffel, Saint-Herblain

構想：ジル・クレマン
協力：同高校のフランソワ・リオルズー先生、ソフィ・マサール先生、ブリュノ・コルネイユ先生の生徒たち
発注者：ジュール・リエフェル高校
面積：6 ヘクタール
所在地：フランス、サンテルブラン
造成：2004 年

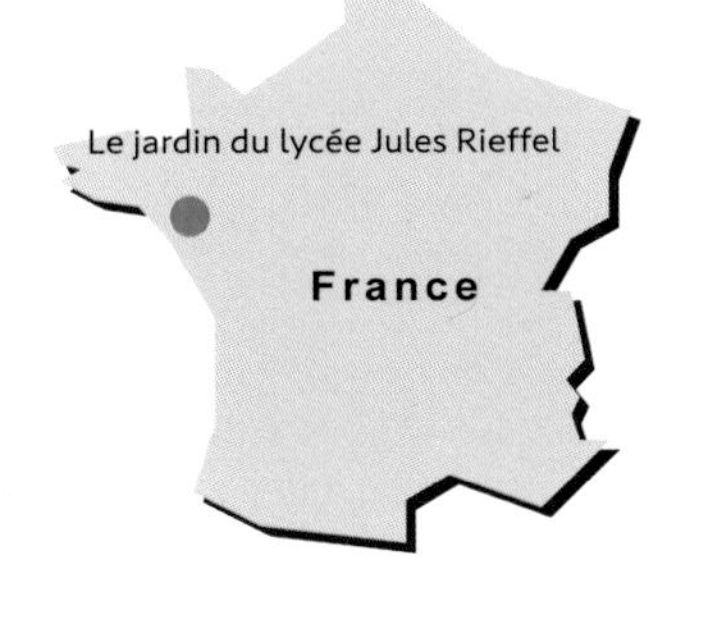

考え方が変わらないことです。「なるべく合わせて、できるだけ逆らわない」。お金がないときにどうするか、その場にある多様性を活かすにはどうするか、ということを常に考えるのです。

私ならしなかっただろうということをやった学年もありました。イバラの茂みのなかに道を通し、木立のほうへ抜けられるようにしたのです［32］。その木立は彫刻のように形をととのえられ、恐竜、妖精、王子などの名前まで付けられていました。それもかまいません。生徒たちは楽しんでいるのですから。

ある年は、生徒たちは視界をさえぎるようなものを設置し、またある年は逆に視界を広げる窓のようなものを置きました［28、33］。これらはすべて一時的な干渉であり、次の年の生徒たちがそれを残すべきか否かを決めます。生徒たちが心がけているのは、訪れた人が道を進みたくなるように気を引くこと、つまり視覚的に働きかけて奥の木立まで誘導することです。木の枝打ちをして通りやすくしただけの場所もあれば、かなり手を加えて、コナラ林のなかに何層にもわたる迷路が作られている場所もあります［34］。

〈カオス〉と生徒たちが呼ぶ一画では、ハリエニシダまで利用することになりました。これはトゲがあって嫌われる植物ですが、生徒たちにはこう言いました。「このハリエニシダで何かできるかな？　これは異国の見知らぬ植物ではないよね。ここにある植物なんだから、使ってみてごらん」。

この庭の試みが始まった当初は非難する声が多くあがり、学校側は一般公開しようとしませんでした。今ではそれがすっかり変わり、広く一般に公開された場所となっています。

ハリエニシダ

Le jardin du lycée Jules Rieffel

30	29	28
31		

34	32
	33

28-34: ジュール・リエフェル農業高校の生徒はその場にあるもので毎年庭をつくり変えている

イラクサの庭

イラクサ（*Urtica thunbergiana*）は第三風景の植物のひとつです。この庭ではイラクサが主役です。イラクサの有用性を示し、空間的に演出し、さらには政治的なメッセージも込められています。

２００６年、フランスではイラクサの液肥（液体肥料）の使用が法律で禁止されました。イラクサの液肥とは、イラクサを長時間水に浸け込んで得られる液体のことです。これを植物にかけてやるだけで、その免疫が高まるのです。こうすれば農薬や化学肥料は必要ありません。しかし市場ではこれは歓迎されないことでした。肥料や農薬を生産・販売する企業は議会に働きかけ、かくしてイラクサの液肥を禁止する法律が成立したというわけです。この法律は、誰もが無料で利用できる公共財を禁止するものです。こんなことをして何になるというのでしょう？　フランス国民のだれもが憤りました。そこで私はイラクサの庭をつくることにしました。これは私なりの政治的な庭なのです。

現代美術のビエンナーレでの企画として、イラクサがすでに生えている土地を使わせてもらえることになりました。私はそこに小径と2本の橋、そして液肥製造用の濾過フィルターを置くデッキだけを設置しました[35]。ここはチョウ類、なかでもタテハチョウが多くやってくるところではありますが、私が一番この庭でやりたいとおもっていたのは、イラクサ液肥の濾過の実演です[36]。実演は週に一度行なわれ、訪れた人には小さな瓶に詰めた液肥が最後に配られます。液肥は法で禁止されているのでこれは「法律違反」になります。けれども私たちは売っているのではなく完全に無料で配っているだけです。もし売ったら実際に取り締まりの対象となるでしょう。

今日では、自然の商品化がとても深刻な問題となっています。みなさんもご存じでしょうが、２０１０年に採択された名古屋議定書では、生物の多様性を利用可能な資源として細かく区分したうえで、資源提供国に利益配分を約束しさえすれば、それらの商品化が認められることとなりました。

したがって、今日の講演のテーマである自然と生物の多様性には、大きな危機が迫っていることになります。このカテゴリーで自由貿

note

Le jardin d'orties, Melle

構想：ジル・クレマン
面積：5000 平方メートル
所在地：フランス、メル
造成：2007 年

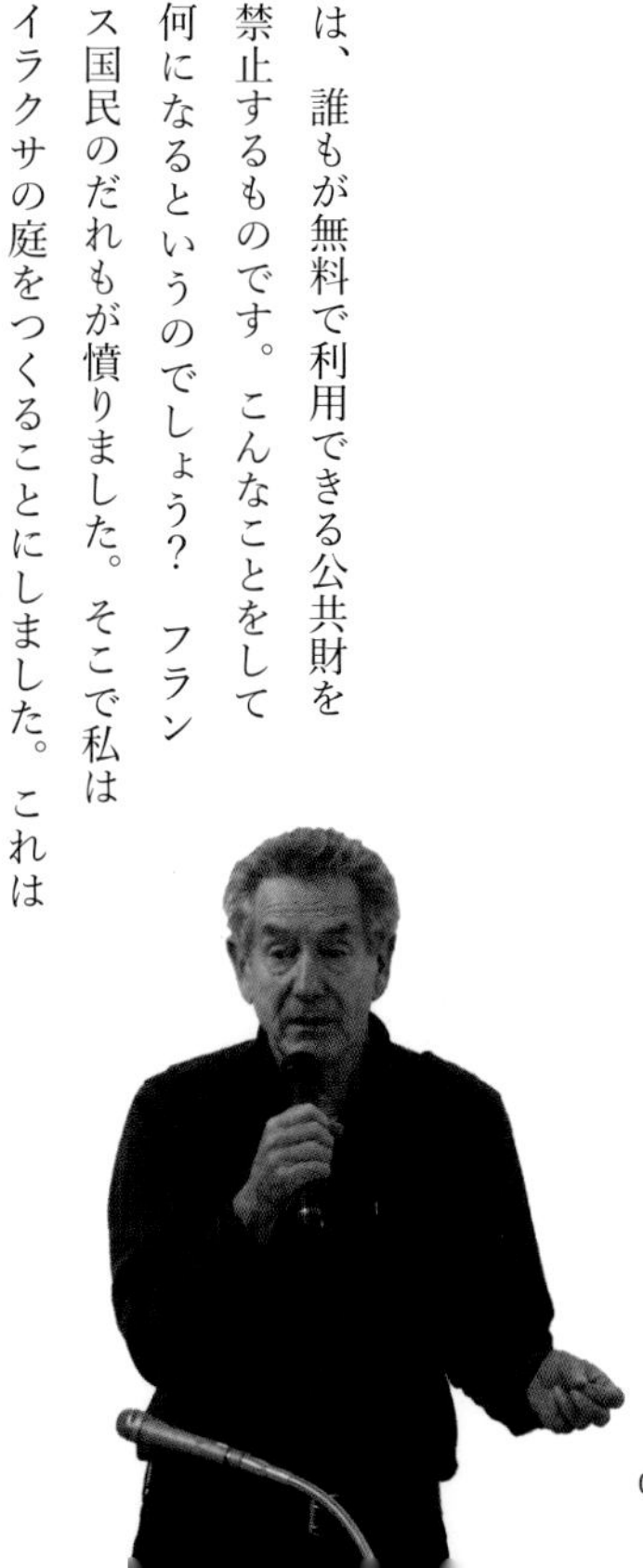

Le jardin d'orties

易が行なわれることを受け容れてしまえば、私たちは化学・創薬企業に完全に支配されることになるでしょう。これらの企業は、身近なものとして人々が古代から自由に使ってきた植物などの公共財を、特許を振りかざして独占しようとしているからです。この点で私たちはまさに文明の岐路に立っているのであり、どうすべきかをもっと議論する必要があると私は考えます。

35: 水の庭・イラクサの庭の計画図（ジル・クレマン筆）／36: イラクサは第三風景の植物であり、自然の液体肥料のもとにもなる

第三風景の庭——サン＝ナゼール潜水艦基地の屋根

都市の第三風景をテーマとする庭をあとひとつ紹介します。それは、第二次世界大戦中、大西洋に面した港町サン＝ナゼールにドイツ軍が建設した潜水艦基地の、屋根の上にあります。この23メートルの高さの屋根は、潜水艦を空襲から守るために設けられました。今では人が自由に立ち入ることのできる場所となっています。

屋根は3つの部分に分かれています。完成した部分、未完成の部分、未着工の部分です。私の計画案でも3つの庭に分けることにしました。ヤマナラシの林、ベンケイソウとイネ科の植物の庭、そしてラベルの庭です[37]。

ヤマナラシの林は、屋根の破裂室から生え出るようにしました[38、39]。破裂室とは、爆弾を地面に到達する前に破裂させるための空間です。

ヤマナラシ（*Populus tremula*）は近くのロワール川沿いの第三風景に自生する樹木ですが、土台となる破裂室がコンクリート造りなので、人工的な処置が必要でした。栽培槽に植えて点滴式の給水装置を取り付けることで解決しました。私がこのヤマナラシという木を選んだのは、その葉がわずかな風にも揺れて小さな音を立てるからで、その音が隠喩として、爆撃される基地の震動をあらわすと考えたのです。このプロジェクトが実施されたのは今から8年か9年前のことです。その間に木は成長し、栽培槽を大きなものに取り換えることになりました。

ベンケイソウ（*Umbilicus rupestris*）の庭で基本となる概念は育ちやすさです。ここに植えた植物は、土がほとんどないような場所でも生育できます。シダやベンケイソウなどはこちらが何の世話をしなくても勝手に生えてきます。こうして、トウダイグサ、ベンケイソウ、いくつかのイネ科植物などからなる花壇がいくつもできました。これらはどれもほとんど手がかかりません。なかにはヨーロッパ原産のものもあれば、アメリカ大陸やアジアから来たものもあります。（種の混淆による）新たに出現する生態系と通じるところがありますね[40、41]。

いまお話ししている部分には水路が1本、中心を通っていて、全体を見通せるようになっています[42]。戦時中この屋根をつくらされたフランスの石工たちは、ドイツへの抵抗としてわざと粗悪なコンク

note

Le jardin du tiers-paysage, Saint-Nazaire

構想：ジル・クレマン
面積：3 ヘクタール
所在地：フランス、サン＝ナゼール
造成：2009-2012 年

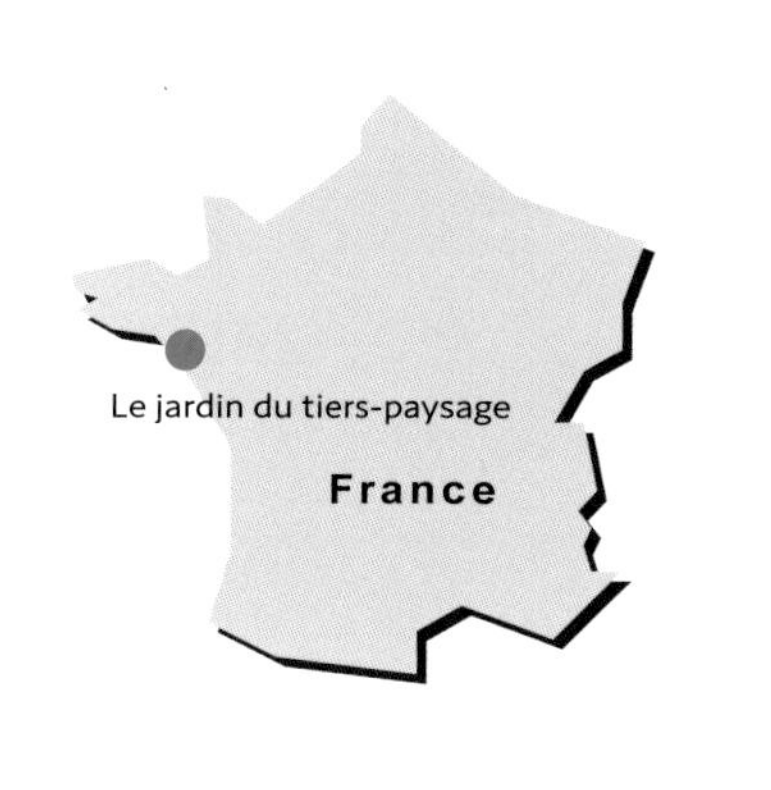

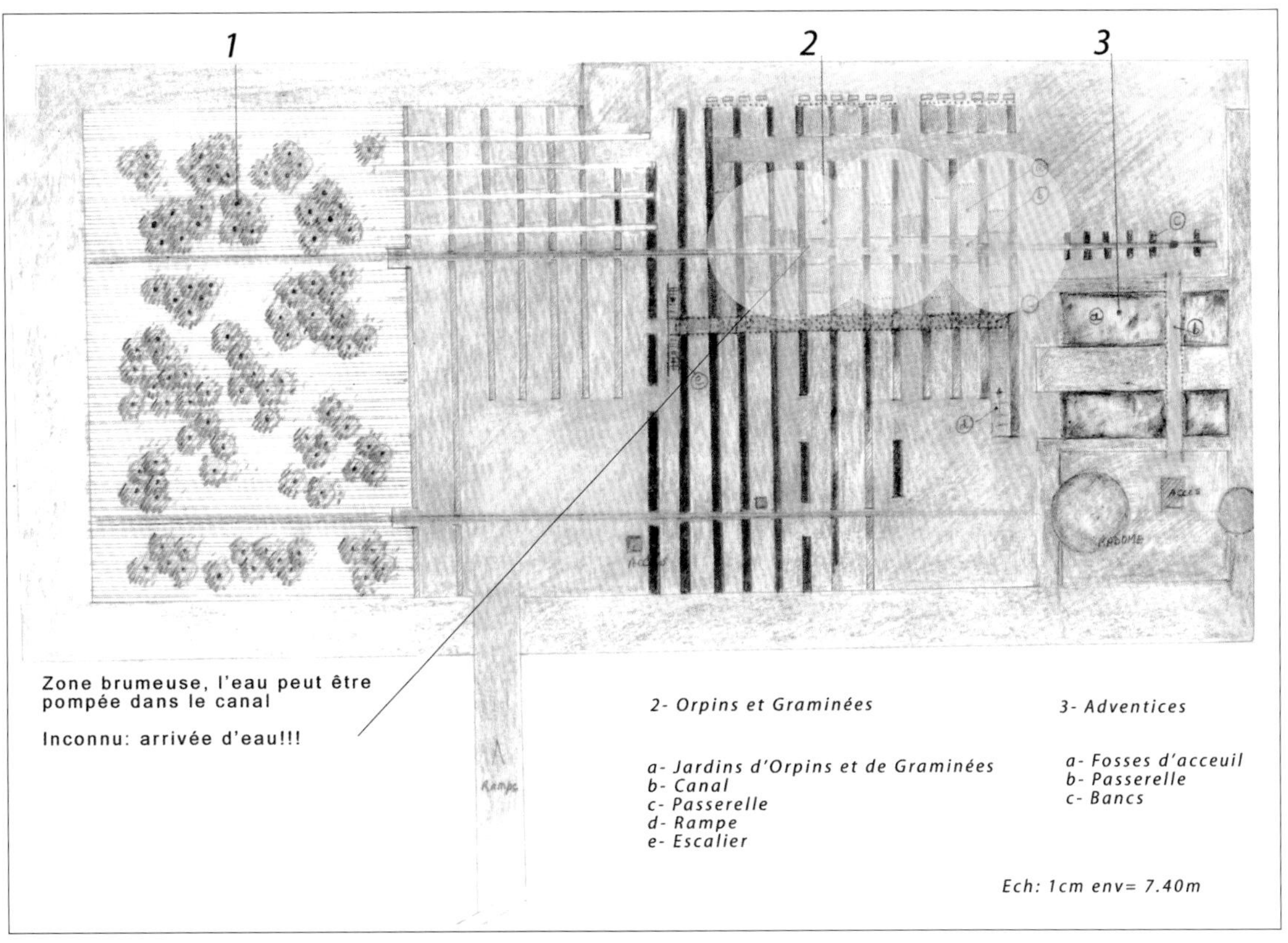

37: サン＝ナゼール潜水艦基地の屋根の計画図（ジル・クレマン筆） 図内の文字は以下の通り：左：もやのゾーン／水路の水をポンプで汲み上げることができる／未定：ここから水を入れる！／中：2- ベンケイソウとイネ科の植物／ a- ベンケイソウとイネ科の植物の庭／ b- 水路／ c- 歩道橋／ d- 手すり／ e- 階段／右：3- 副次的な施設／ a- 受付ボックス／ b- 歩道橋／ c- ベンチ／
38、39: コンクリート造りの屋根でヤマナラシの林をつくるためには人工的な処置が必要であった

リートを用いたという話が伝えられています。たしかに、コンクリートには小さな穴がたくさんありますが、いまではそれが幸いして、たくさんの植物を迎え入れる場所となっているのです。

最後のラベルの庭は、第三風景というテーマと直接に関連する庭です。小石の多い土壌につくられた質素な景観ですが、学術的に重要な意味をもつ庭なのです。年に2度、この庭のすべての植物が、植物学を専門とする教員と学生たちによって入念に同定され、名前を調べられ、ラベルを取り付けられます［43］。この綿密な作業によって学生たちは、植生が年を追うごとにどのように移り変わってゆくかを実地に確かめることができます。

第三風景は、危機的状態にある生物多様性を迎え入れ、避難場所を提供します。規模が大きかろうが小さかろうが、そこには人類にとっての宝が保たれています。私たち人間は生物多様性に直接依存して生きています。食料も水も、すべてはそれから来ているのです。だから守らなくてはなりません。そのためには、そこに避難してきた生物種の名前を知る必要があります。ここでラベルの庭の出番となります。名前のないものは私たちの目に映らず、重要性も理解されないからです。

これほど大事な生物多様性を迎え入れる場所である第三風景に対す

40

41

42

43

40-42: ベンケイソウの庭にはシダ、トウダイグサ、イネ科植物など、育ちやすい植物を配置／43: ラベルの庭で植生調査をする専門学校の教員と学生たち

る人々の見方を改める一番の方法は、私が思うには、そこにいる生き物ひとつひとつの名前を知ってもらうことです。子どもたちが最初に学ぶべきはまさにこれではないでしょうか。生き物の世界をどれほど知っているかということは、その人の美的感覚にも影響をおよぼすと私は信じています。

日本ではアンリ・ファーブルの文章が学校の教科書に載っていると聞きました。素晴らしいことだとおもいます。現在のフランスでは、ファーブルとは誰か、何をしたのか、知っている人はほとんどいません。悲劇的なことです。というのも、フンコロガシが動物のフンを食べることも、トンボの幼虫が水のなかで育つことも、チョウがどのように変態するかもすべて知らずにいたならば、驚きというものが生まれないからです。感動が生まれないからです。理解できず、何の役に立つかもわからないものを、美しいと感じることはできません。それは美というものの性格からして不可能なのです。そこで何が起こっているかを理解できたときには、見た目には荒れ果てた土地さえ美しく見えることがあるのです。

生き物ひとつひとつの名前を知り、ある植物が今ここにあるのは一時的な現象にすぎず、やがてほかの植物がやってくるといったことを知るのは、ただそれだけですごいことです。ひとつの物語、小説だと言ってよいでしょう。どうしてこれを子どもたちに話さずにおくのでしょう？　生き物の世界についての知識が広まることは、地球上の種の存続、生物多様性の存続にとっての保証となるように私には思われます。

景観にかかわる仕事をするものは誰でも、生き物の名前を知っていて当然であるべきでしょう。不幸なことに、フランスの学校ではそのような教育が行なわれていないのが現状です。

地球という庭の学園

もし、自分が理想とする政府の企画書を出さなければならないとしたら、省庁の筆頭には、知識・学問の省を置きます。その次が厚生省。財務省は最後です。財務省は他の省庁が機能するために必要ですが、だからといって命令や指図をする権利があるということにはなりません。不幸にも、私が理想とする順序とは逆のことが現在行なわれており、それは知識を犠牲にすることで成り立っているのです。その結果、各個人はロボット化され、消費を強いられ、思考を封じられてしまっています。人間は自立した思考ができてはじめて、新しい一歩を踏み出すことができます。その意味で、世界中のあらゆる文化振興機関は、この地球という星のもっとも重要な部分を構成しているのです。言葉や文化の交流というだけではなく、地球全体として知識が増大するというところが大事なのです。

新しい政府をつくるかわりに、私は仲間と協力して2012年、パリの南、ヴィリ=シャティヨンに「地球という庭の学園」を開校しました。2014年にはレユニオン島のサン=ドゥニにも新しい校舎ができました。フランス中央部のリモージュに第三の校舎をつくる計画も進んでいます。

この学園での学びはすべて無料で、あらゆる人に開かれています。多くの支持を得て校舎が増えている背景には、景観を専門とする人のみならず、広く一般市民のあいだに、自然環境、動植物の生態、生物多様性といったテーマをめぐる懸念が共有されているということがあります。人々は関心を寄せ、自分たちで考えようとしているのです。

正直に言いますと、この校名は私が考えていたのとはちがいます。私の案は「町中にある生物多様性発見のための学園」というものでした。当初の意図が、除草剤を使わなくなるにつれて町中に現れる、さまざまな自生植物の名前を知りその知識を得ることにあったからです。この取り組みは知的意義が非常に大きいとはいえ、教育的な方法としては確立されていませんでした。はじめのうちはみな驚いて、(除草剤を使わない結果生じた風景など) 見苦しいとか、(除草剤に使っていた)自分たちの税金はどこへ行くのかといった声があがりました。このような人たちに生物多様性を受け容れてもらうにはどうすればよいか? 知識として伝えればよいのです。伝われば人々は納得して受け容れます。これは当時私たちが身をもって経験したことです。

自然の妙

最後に、自然の妙 (le génie naturel) という、第三風景とじかに関わる概念についてお話しします。

植物のふるまいには、よくわからないことがたくさんあります。ひどくやせた土壌でどうやって育つのか? 異なる植物がどのように共存しているのか? その位置関係はどう決まるのか? 何億年という、人類誕生よりもずっと古い時代から、どのようにして互いにコミュニケーションを行ない、生きのびる術を発達させてきたのか?

現在、私はコルシカ島で4人の科学者とともに、植物がコミュニケーションを行なう仕組みを詳しく研究するプロジェクトに取りかかっています。この問題については現在ほとんど何もわかっていません。いずれ解明が進めば、庭の手入れを今よりも知的な枠組みのもとで行な

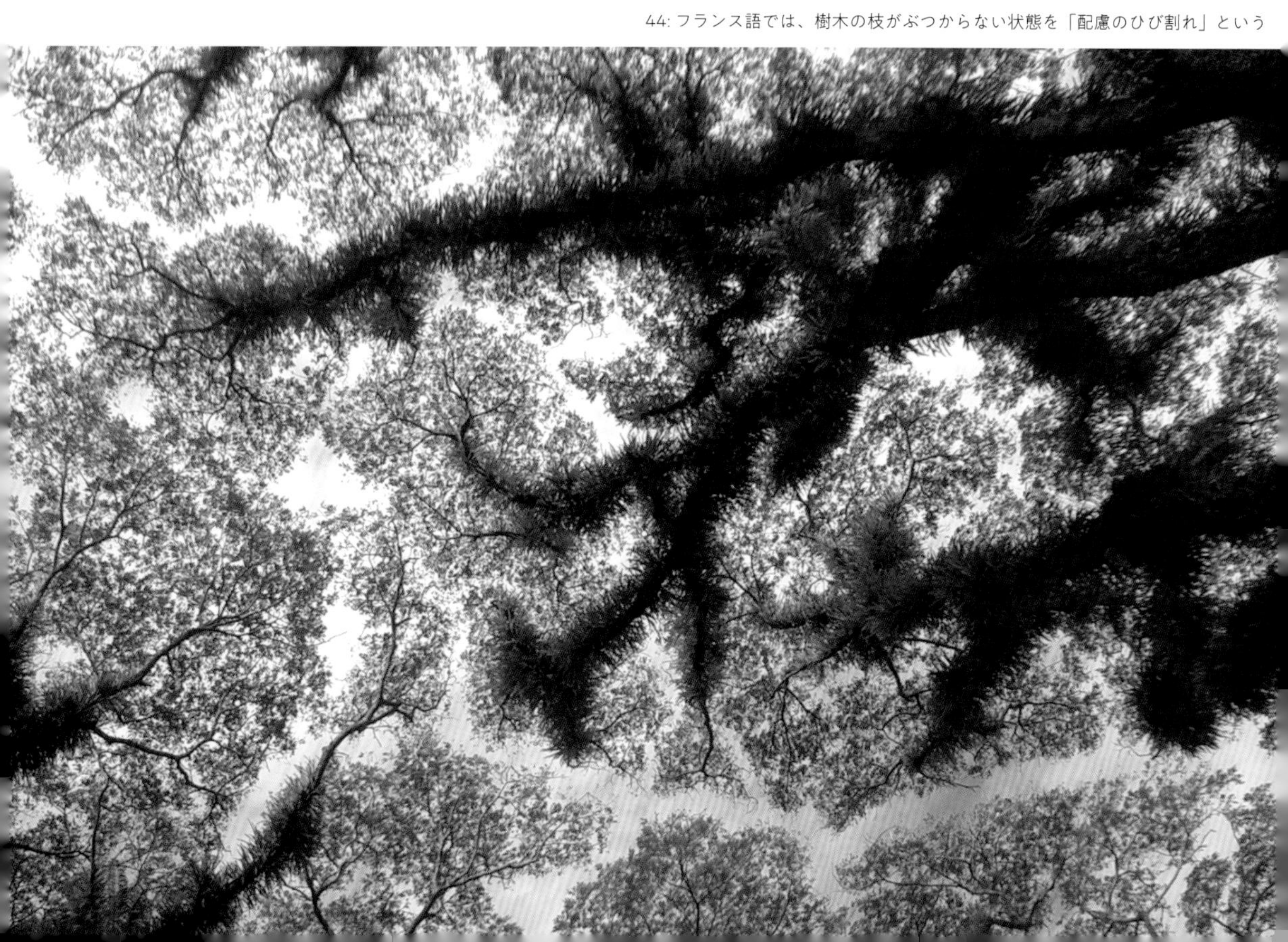
44: フランス語では、樹木の枝がぶつからない状態を「配慮のひび割れ」という

うことができるようになるはずです。

ハイコウリンタンポポ（*Piloselle*）という丈の低い地被植物の例をここで紹介しましょう。この植物は、人間が草刈りをする手間を省いてくれます。というのは、根から毒素が放出されていて、周りに生えている植物を排除しているからです。このふるまいを庭の手入れに応用することができるかどうか、興味をひかれる植物です。

こうした例はほかにもたくさん知られています。アフリカ南部のアカシア（*Vachellia tortilis*）は、葉から毒素を出して草食の哺乳動物インパラを追い払い、そればかりか、同時にエチレンガスを放出して、ほかの仲間にインパラの群れの存在を知らせます。これもまた自然の妙の一つのあらわれであると言えるでしょう。植物どうしのこうしたコミュニケーションを究明しようという人がこれまで誰もいないというのは、とても残念なことです。

わからないことはほかにもまだ多くあります。最後の例として、南アメリカ原産の樹木、モンキーポッド、別名レインツリーを紹介しましょう。この成木が隣りあっているのを見てみると、互いの枝が重なったりぶつかったりするところがまったくありません。常に距離を保っているのです。このような現象は世界全体で約100種の植物に見られることが、研究によってわかっています。（枝と枝のすき間がひび模様に見えるので）フランス語では「配慮のひび割れ」と言います[44]。詩的なヴィジョンですね。いかなる方法のコミュニケーションによってこのような模様がつくられているのでしょう？　葉を通じてかもしれませんし、根を通じてかもしれません。今までのところはわかっていません。謎のままです。日本に来て立派なクスノキを見て、モンキーポッドと似たようなふるまいを示すことに気がつきました。

植物はコミュニケーションを行なうことができます。植物どうしのあいだだけでなく、動物とも、そして人間とも、いろいろな方法でコミュニケーションを行なっています。このことを知り、私は庭師として植物を見る目が変わりました。私たちは生き物についての理解を深めることによって、庭の手入れをするときの道具を減らし、機械を減らし、人為を減らし、互いに相反するような資源の消費——私はそれを逆向きのエネルギーと呼んでいます——を減らし、より大きな敬意をもって植物に接することができるようになるでしょう。

ご清聴ありがとうございました。今回は私がふだん行なう講演とは少しちがったものとなりました。自然と生物多様性についての話が多くなりましたが、それもまたある意味では、庭についての話であったわけです。ありがとうございました。

Column 3

その言葉の先へと、庭を押しやるために

Au-delà des mots, le jardin

山内 朋樹
Tomoki Yamauchi

その鮮烈な庭園論は世界の見方を変えてしまう。名もなき道端の草花が、うっそうと茂った空き地の草むらが、まったく違った意味をもって立ち現れてくる。

庭園とはなにか。それはどのようにつくりだされるのか。その問いのずいぶん手前で、あるいはその傍らで、目に映る植物の風景それ自体を根底から揺さぶること――それこそがジル・クレマンの庭園論だろう。

＊

荒れ地から着想された「動いている庭」。この庭の動きは、実のところ敷地の片隅でひっそりと生じている。とりわけ一年草や二年草のちょっとした移動の積み重ねによって起こる庭の変容はしかし、敷地外に広がるより大きな動きを条件としている。風や鳥や獣や人などを媒介とする、さらには潮流や物流さえも利用するマクロな混淆、つまりは「地球という庭」の水準での植物の途方もない移動がその背景にはある。あまりにも巨大なスケールで生じるこの地球規模での植物種の攪拌そのものは、わたしたちには知覚しえないものだ。種の偶然的な放浪と出会いを生じさせるこの攪拌の帰結はしかし、道端や空き地や放棄地といったありふれた場所に、知覚可能な形をとって現れてもいる。そこに広がっているのは世界の隅々からやってくる植物のアサンブラージュであり、こうした雑多な種の混成体の場である「第三風景」こそは動いている庭の着想源だろう。

荒れ地（第三風景）から動いている庭へ、地球という庭を介して再び第三風景へ。こうして3つのコンセプトは種の動きを媒介として連続的につながり、綺麗に一周することになる。植物は動いており、それゆえ庭は動くのであり、地球は動く植物たちの容器として庭と見立てることが可能であり、荒れ地はこの地球規模の動きが極度に圧縮された場であるがゆえに動き続ける庭の条件になる。

その眼でこの世界をもう一度眺め直してみよう。クレマンはそう誘っているかのようだ。

＊

都市を歩くわたしたちは、コンクリート壁と歩道のアスファルトの継ぎ目から噴き出すイタドリやヒナゲシの群れを見るともなく見ている。中央分離帯の刈り込まれた植栽の隙間から生えるおびただしいエノコログサやセイタカアワダチソウを眺めている。トウネズミモチに絡みつくクズに覆われた空き地の脇をいくつ

も通り過ぎている。地方を歩くわたしたちもまた、放棄された山林や耕作地にこうした植物の風景を見るだろう。投棄されたゴミのあちらこちらから噴き出すアザミやビロードモウズイカ。点在するキリやニセアカシア。

いたるところに混濁したパイオニア種の数々が遍在している。動いている庭の原型であり、地球という庭の縮減体であるかのような第三風景が。このありふれた、しかしながら、どうしようもなく猥雑な風景、ここにクレマンの庭園論のすべてを見ることができる。わたしたちが日々目撃しているこの風景に。

クレマンがおこなったのは、こうした風景にこそ植物や昆虫の多様性を見出し、その土地の見かたを反転させることだった。植物種が限定された伝統的な庭や公園ではなく、都市の市街化や地方の農地化の圧力の隙間に現れる放棄地や空き地や道端の雑草地帯をこそ重視し、在来種と外来種が入り乱れる周縁的で混淆的な空間を評価すること。そしてそれらをモデルとする新しい庭を構想すること。

荒れ地から庭へ、庭から世界全体を経巡り、ふたたび荒れ地へ——。

こうしたクレマンの態度は、すでに身近な対象ではなくなってしまった庭というものを、いま、あらためて考え直すにあたって重要な示唆を与えてくれる。観光で訪れるかつての権力者の庭や聖地に鎮座する歴史的庭園を除けば、ほとんど庭に触れることなどないわたしたちにとって、あるいは土地も持たずに都市のマンションの一角に居を構えるわたしたちにとって、庭が、あるいは庭に代わる経験がありうるとするならば、それはどういうものか、ということを。

*

クレマンの言葉は、この問いの先に庭をつくりだそうとする試みとして聞くことができる。しかし反面、荒れ地を重視するその言葉は、いま現在のわたしたちにとって、ときにあまりに楽観的に響くことがある。

どういうことか。

多様性の保護を荒れ地や放棄地に託して土地の評価軸を転倒しようとするクレマンの立論は、全面的な市街化や農地化にたいする抵抗の論理だった。市街化や農地の拡大は雑多な動植物が棲息できる土地を限定し、必然的に多様性を減少させてきた。それゆえ、開発の進展が一時的にであれ停止した空き地や放棄地、すなわち第三風景は、きわめて重要な植物や昆虫の棲息拠点とみなされることになる。

しかしながら、抵抗の論理が、ともすると追認の論理として響きはじめる地点に、わたしたちの時代はさしかかってしまっている。

たとえば空き地や放棄地など、動いている庭の着想源であり、つまりは第三風景それ自体でもあるような土地は、少なくとも2020年現在の日本、とりわけ地方では、いまや保護するまでもなく増えはじめている。クレマンの理論的前提にあった、稠密化しながら膨張し続ける市街化や農地化の圧力はすでに過去のものになりつつあり、空き家も含め空き地や放棄地は増加し、都市も地方も人口減少に呻吟しはじめている。

これこそが、すっかり様相の変わってしまった、わたしたちの庭の条件である。

空き地や放棄地に侵入する植物の蔓延も、災害にともなう人工物の消滅と生態系の再生も、人間に簒奪されていた土地を動植物がとりもどしていく回復のプロセスであり、その意味でこのような土地の増加は喜ばしいことなのかもしれない。しかしながらこうしたクレマンの理論をたんにいまここに適用することは、減衰し続ける都市と地方の現状をそのまま追認することになってしまうだろう。とりわけ、2011年の大震災にともなう津波被害、そして原発事故を経験したわたしたちにとっては——。それは、あまりにも広大な、あまりにもとりかえしのつかない、第三風景を出現させたのだ。

震災にともなう特殊な第三風景の存在と、人口減少によって生じる常態としての第三風景。これらを背景に、わたしたちはクレマンの言葉を聞くことになる。その言葉がときにあまりに楽観的に響いてしまうことがあるのだとすれば、それはクレマンの思考が拘束されている時代的、地域的条件をわたしたちが書き換えてしまうからだ。

しかし、この庭師の思考をわたしたちの切実ないまここに達するものとして受けとるとすれば、こうして生まれてしまう混成的な文脈を消し去ることはできない。クレマンにとって純粋な固有の自然などなく、混淆の果てにある固有性だけがあるのだとすれば、思考もまたそうなのだ。

この時代、この場所を条件とする、わたしたちの庭の出発点はここにある。クレマンの言葉はその先を示唆する。しかしわたしたちは、別様の庭の可能性を構想しなければならない。

*

動いている庭、地球という庭、第三風景という主要な3つのコンセプトを提唱者自身の言葉で紹介する本書は、こうしたクレマンの思考への導入としてふさわしいものになっているはずだ。2015年初春、東京と京都の聴衆に直接語りかけたクレマンの柔らかながら芯のある物腰はいまも深い印象を残している。実践から導かれたたしかな言葉の響きと生命を扱うことを自認するこの庭師の真摯な態度にまずは触れていただきたい。

その言葉の先へと、庭を押しやるために。

山内朋樹（やまうち・ともき）
ジル・クレマンの庭園および庭園理論の研究をおこないつつ、生活圏に息づく最小単位の生態系に現代の庭の可能性を探っている。2015年にクレマンの主著のひとつ『動いている庭』（みすず書房）を翻訳。

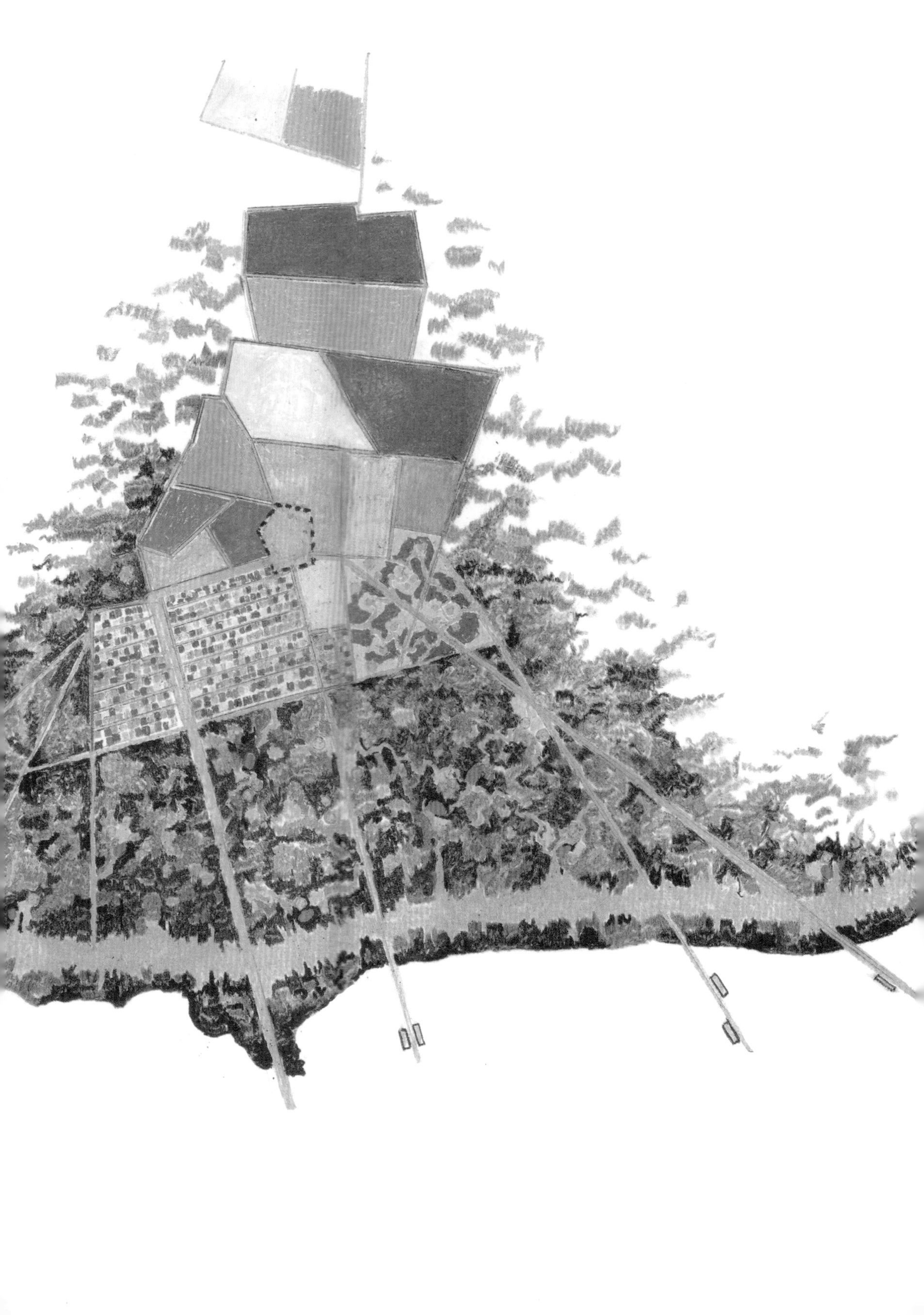

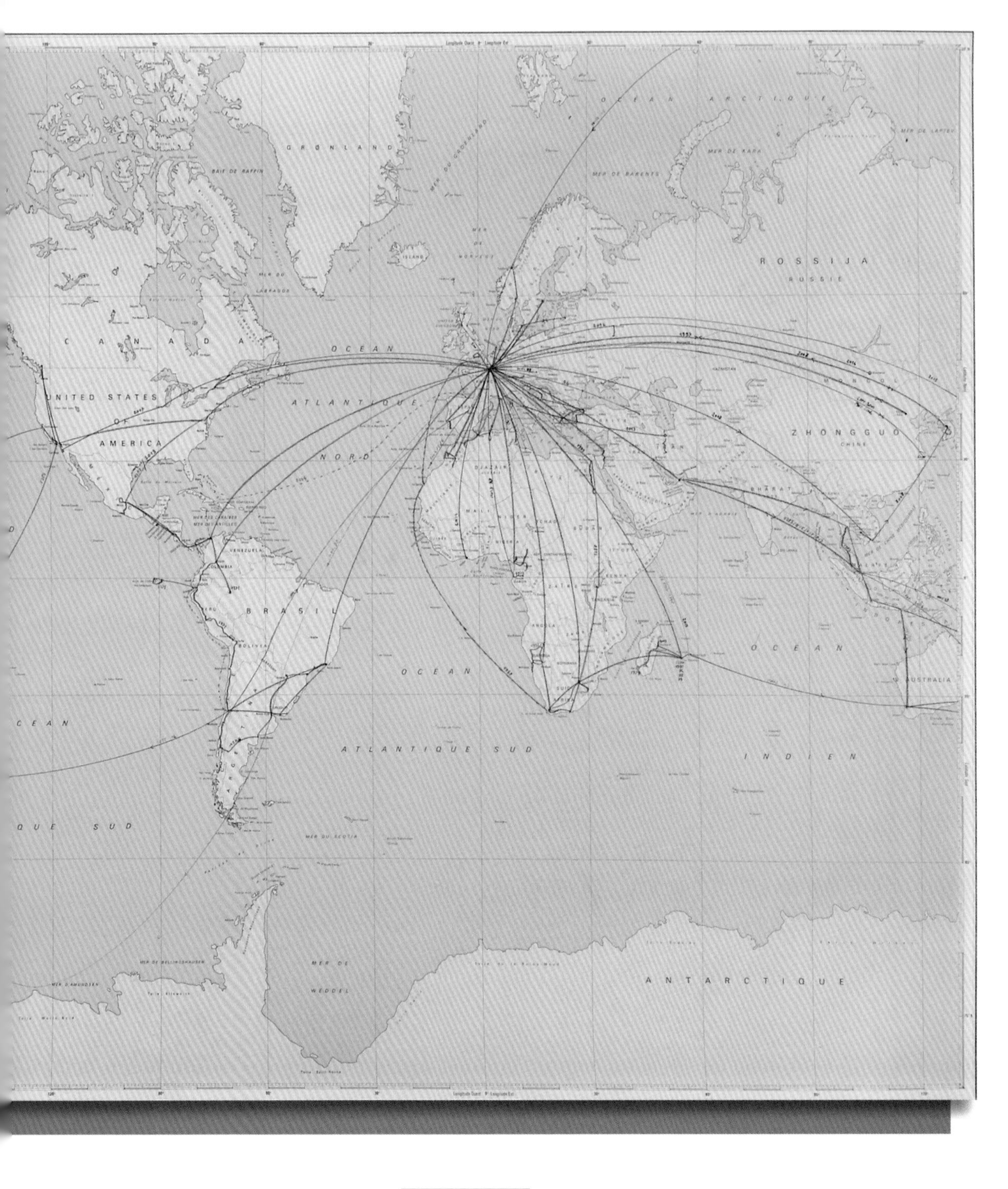

Epilogue

Les éclats de lumière

きらりと光るもの

私の少年時代、学生時代、そして働きはじめてからも、人々がこう言うのを何度となく耳にした。「(見聞を広めるために)行くとしたらここと ここでしょう（そして国のリストが挙げられるのだった）、何でもここと ここが発祥だからね……」。

その国のリストの筆頭には、まず米国と日本、それからカナダや中国、驚きの国モンゴルだとかいった非ヨーロッパのさまざまな国々が入ったが、どれも北半球にある国ばかりだった。

これといった理由もなく人々の関心がこのように一部分に集中するさまは、ヒツジの群れを見るようだった。ただ流行を追いかけているだけなのだ。やがて私にも世界を発見する旅へ出る機会が訪れたとき、行先に南半球を選んだ。人々の話題に上ることがほとんどない地域だった。この決心をしたのは1983年だったが、このとき私は自分の手で建てた家がほぼ完成し、これから自分が暮らしていく場所が決まっていた。だから旅に出ることができた。帰るべき場所はあるのだ。世界地図の下のほうを周る旅の計画で、とくに外せないのは私の住むところからもっとも遠くにある国、すなわちニュージーランドだった。

私はニュージーランドへ行くには行ったが、旅の目的地にしてはずいぶん短い時間しか割くことができなかった（わずか20日ほどだ）。そこへ着くまでに半年も旅をしていたからだ。まったく予期せぬことであったが、アジア世界の切れ端のような土地にすっかり長居してしまったのだった。ヒンドゥー教と仏教の文化が根づいた島、バリ島だった。

吸い寄せられ、驚きに撃たれ、魅了された私はこの島を毎年訪れ、それは2003年までつづいた。その間にさまざま

な国を訪れる機会があったが、日本とは縁がなかった。いや、一度だけあった。ニューカレドニアへ向かっていたとき、乗り継ぎ便の変更で日本に一泊することになったのだ。航空会社が用意したのはディズニーランドのホテルだった。これほど日本らしくない場所はおよそ考えられないと思ったが、それが私たちのいる場所なのであった。

京都と東京で講演をしてほしいという依頼が２０１４年に来たとき、私はすぐに承諾した。このような機会はもう二度とないかもしれない。庭とタヌキと神々の国とこうして出合うべきタイミングがめぐってきていたのだ。エマニュエル・マレスさんの働きかけがなければ、その秘宝を知ることもなかったであろう日本という世界と、私は翌年2月のとある日、対面を果たした。私の目は丸くなっていただろう。まさしく異星への着陸であった。

目に入るものすべてが、すでに知っていたようであり、また知らなかったようでもあった。すでに知っていたというのは、世界中に流通している映像、書籍、文章で描かれる日本との一致である。知らなかったというのは、実地に見聞きした、時間と空間の使い方、人と人との距離感覚、声の抑揚、視線、人に話しかけるときの流儀、その他さまざまな暮らしの知恵のあらわれであり、それは日本の文化をもっともよく伝えているといわれる映画作品でさえ再現できていないものだった。私の頭には谷崎の『陰翳礼讃』を読んだ記憶が残っていたので、よもや日本の日常生活に、独特なきらめきでできた光がこれほどあふれているとは思わなかった。

京都の冬の寒さからは家屋のなかでさえ逃れられないとは知らなかったが、ホットカーペットの上だけは例外であろう。畳の間の隣に敷かれてあって、望むならばベッドではなくそちらで寝てもよいのであった。その一方で夏の暑さも大変に厳しいようで、これは空調によって熱を追い払うのだという。タクシーの運転手さんがわざわざ車を降りてドアを開けてくれたのも、トイレの戸を開けるとなんとそれに連動して便器のふたが開いたのも、予期せぬことだった。お茶の小さな包みの封を開けようとすると、その開け口が折り紙の作品になっていたのにも驚いた。あまりに洒落ているので、その包みをほどくという行為がほとんど苦痛に感じられ、もうお茶など飲まなくていいからこの折り紙をくずしたくないと思ってしまうのであった。

何もかもが発見であった。私の国では食卓は床よりだいぶ高いところにあるが、日本では座るところが床とほぼ同じ高さで、足を納めるのは床を切って穴になったところであり、その穴の中心に火床があって大小さまざまの料理を焼いたり、煮込んだり、温めたりしている。それらの料理のいずれもが、今まで味わったことのない、なんとも言い表せない風味をもっている。この星の食べ物は、意外性に富み美味であり、砂糖や脂はひかえめで余計なものも入っていない。この星の人々がどの年代でもすらりとしているのは、この食生活と無関係ではないだろう。

庭園や歴史的な建造物を訪れると着物姿の美しい女性が案

内をしてくれたのにも驚いた。芝生のように短く刈り込まれた草が冬に藁のような色になるのは不思議に思われた。私の国ではこれは夏の乾燥した季節の草の色だからだ。そうなると知ってはいたが、実際に見たのはこれが初めてであった。コウライシバ（*Zoysia japonica*）は寒い季節には色を失い、その白い絨毯との対比により常緑樹の植え込みが風景の中心に位置づけられる。これほど見事な演出法はほかにないだろう。西洋では草が緑でなくなるのをなんとしても防ごうとする。聖なる緑を守ろうと真夏でも水やりをして水を無駄にし、そればかりかカリフォルニアのようなところでは、乾燥した時期が続いて芝の緑がもどらなければペンキを塗ってでも緑にしようとする。

予期せぬ体験といえば、シカにせんべいをあげるということもあった。このシカたちは道路を渡るときには信号をしっかり守り、ずっと昔から同じ家族であったかのような目で私たちを見るのだ。

このようにすべてが驚きであったので、もっと長く日本にいたなら私はきっと驚きの種をため込んでその一覧をつくり、きらりと光るものがこんなにたくさんありますよと人々に言うことだろう。

とりわけ、私がとても驚きながらも心強いと感じたのは、仏教中心の風景のなかに神道の神社があることだ。私はこれを、日本文化の底流には常にアニミズムが息づいていることのあらわれであると解釈している。それにもとづくものの見方によって、日本ならではの景観が形成される。奥山と呼ばれる山深い神々の領域と、里山と呼ばれる人間が立ち入ることのできる領域である。このようにひとつの視野に収まるなかに、見えるものと見えないものを共存させるのは、バリ島でレヤックの谷と呼ばれていたところでも同じだった。精霊がこの谷に住むので人々は家を建てないのだという。同様にアグン山の峰々もさまざまな神々のための場所であるので人々は手を出さない。私が思うに、このようにして空間を分けあいつつ〝地球の表皮〟に場所を占めるというありようは、人間という生き物と人間以外の生き物が密接につながり互いにささえあう調和を成り立たせる。それは、自然と人間を分離しないという文化、エコロジーという呼び名が生まれる前から存在するエコロジー的文化のたまものであろう。日本の小学生のランドセルに「ファーブル昆虫記」が入っていることを私は忘れない。自国では忘れられたフランス人ファーブルの著作が入っていることを。

時間切れで、日本のタヌキ――大きな陰嚢をもつという愉快なタヌキに出合うことはできなかったが、居酒屋の入り口に置かれたその置物（アイコン）を見て、人々の自然を敬う心のなかにも諧謔精神が根づいているのを確かめることができた。

私もそのような世界観を共有するものである。

2017年8月30日　谷の庭（ラ・ヴァレ）にて

ジル・クレマン

ジル・クレマン
連続講演会後の展開

第８回恵比寿映像祭

動いている庭

Yebisu International Festival for Art & Alternative Visions 2016

Garden in Movement

2016年2月11日（木・祝）～2月20日（土）

ジル・クレマン氏の連続講演会から一年後、彼の庭園論の中心的コンセプトで主著の表題ともなった「動いている庭」が、第8回恵比寿映像祭のテーマに選ばれた。会期中、国内外のアーティストや研究者が東京・恵比寿の各会場に集い、さまざまな映像作品やメディア表現を通じて「動いている庭」と芸術表現の可能性を追求した。

会場　ザ・ガーデンホール、ザ・ガーデンルーム、恵比寿ガーデンシネマ、日仏会館、STUDIO38、恵比寿ガーデンプレイスセンター広場 ほか

主催・共催　東京都／東京都写真美術館・アーツカウンシル東京（公益財団法人東京都歴史文化財団）／日本経済新聞社

恵比寿映像祭について

恵比寿映像祭とは年に一度、東京･恵比寿の地で、展示、上映、ライヴ･パフォーマンス、トーク・セッション等を複合的に行ない、映像分野における創造活動の活性化と優れた映像表現やメディアを、過去から現在、そして未来へといかに継承し発展させていくかという課題について、あらためて問い直し、対話を重ね、広く共有する場となることを目指す、ユニークなフェスティヴァルである。

「動いている庭」はつづく

ジル・クレマンさんによる「動いている庭」というプロジェクトを知ったとき、とても新鮮なものとして受け止めました。わたしたちが目で見ている自然の風景は、一見静止しているようでいて、実際には刻一刻と変化している、この当たり前の事実は、あまり意識して考えることがありませんでした。ただ自分が当たり前のように見ている自然の見方に問いを投げかけ、人間だけが庭をつくっているのではなく、植物によって現れてくる風景があるというクレマンさんの考え方は、直観的に、自らが接しているアートの役割と近いものに感じました。そこで、ほとんど思い込みとも、誤読とも言える方法で、「動いている庭」を自らが関わっている恵比寿映像祭のテーマに提案し、クレマンさんをはじめ多くの方々の協力のもと、2016年に第8回恵比寿映像祭「動いている庭」が実現しました。

恵比寿映像祭は、2009年から、年に一度恵比寿の東京都写真美術館をメインの会場に、展示、上映、ライヴ・パフォーマンス、トーク・セッションなどを複合的に行なってきた映像とアートの国際フェスティヴァルです。第8回恵比寿映像祭で「動いている庭」というテーマを提案したのは、ちょうど写真美術館が改修期間の2年目を迎え、美術館以外でフェスティヴァルを開催しようとしていた時期でした。身近なアーティストや研究者が庭について調査を深め、自分でも関心が高まっていたとき、ダンサーの平井優子さんが、KYOTO EXPERIMENTの羽鳥嘉郎さんによる「使えるプログラム」の企画展示「仮止めされた風景」で、庭師で研究者の山内朋樹さんとコラボレーションをしていました。そのとき、「動いている庭」と芸術表現の可能性について実感を持つことができました。そして、幸いにも、当時出版されたばかりの翻訳書に出会えたことで、驚くほどの早さで、「動いている庭」に近づくことができたと思います。

「動いている庭」の思想は、誰にでも開かれているにもかかわらず、実際に理解しようとするのは簡単ではありません。当然、それはクレマンさんの長年にわたる実践から生み出されたものであり、4年以上の歳月が経過した現在でも、とても理解したとは言えず、むしろ自らのライフワークのように存在しています。恵比寿映像祭という形での、「動いている庭」との奇跡的な出会いに感謝して、そのつながりを今後も継続していければと思っています。

田坂 博子（東京都写真美術館）

動いている庭と日本

日本――古くからの緻密な技がつくりあげた繊細な庭の国。この国は自然とのかかわりを育み、そのイメージによって世界に感銘をあたえてきました。この国についての私自身の知識（２０１５年にはじめて訪れるまでの）は何冊かの書物から得ていますが、それらは修景家や庭師としての務めを果たす上で欠かすことができないものです。夢に誘う写真集の数々。私は、それらの庭をこの目で見たいと夢想していました。けれどもその計画は幾度となく延期され、日の目を見ることはありませんでした。

第８回恵比寿映像祭では、ジル・クレマン氏の著作や庭園が各会場で紹介され、その思想がトーク・セッションでは議論の中心となった。クレマン氏本人の来日はかなわなかったが、開催にあたって彼が寄せた言葉をここに再録する。

ところが、不意に日本の人たちが「動いている庭」の原理に興味をもっていると知って、とても驚きました。意外なだけでなく光栄でした。だから予定はぎっしり詰まっていたのに、この遥か遠い国へとわたしを誘う彼らの招きにすぐに応じたのです。とはいえ私は、動きの原理は日本の庭の実践とは相容れないと思っていました。

日本の庭園史に名を残す格別な場所をいくつか巡りながら、私はこの国の庭師の作業が途方もない実践経験に裏打ちされているのを推し量ることができました。その作業は、私たちの国では技をもった人にではなく、清掃作業員に委託されるただの「掃除」になってしまいましたが、彼らの作業はそうしたものとはいっさい関係がありません。この作業はまた、そこに棲んでいる生き物への深い尊重がなかったなら、動いている庭という流動的な管理手法とも無縁だったでしょう。この生き物の尊重にこそ、私は日本の庭の「熟達者たち」との考えの一致を認めることになりました。こうして庭師というものが、学者や詩人、芸術家、そして魔法使いにも通じている国が、少なくとも世界にひとつはあると確かめることができた──それが日本です。

日本の「庭の熟達者たち」が「動いている庭」の着想、原理、実践をどうしていくつもりなのか、私にはまったく思い及びません。そして「動いている庭」に捧げられたこの恵比寿映像祭に際して、その場に赴き、話すことができず残念に思います。けれどもなにも心配はしていません。こんな国には誤った解釈は生まれようがないからです。遠方──奥山──への眼差しが自然と精霊たちを護っており、穏やかな起伏の山麓──里山──を慈しむ眼差しが庭や森、食べ物、そして花をもたらしているような国には。

(山内朋樹訳)

2015年11月2日、谷の庭にて
ジル・クレマン

「第8回恵比寿映像祭 動いている庭」(2016年2月刊)より転載

日本での短い滞在期間については強烈な記憶をとどめています。それは揺り動かし、うっとりさせるものでした。世界中で出会ったさまざまな庭仕事をここで互いに比較しようとしなかったのは、すべてが新しく、奇妙で、完璧に成熟したものに見えたからです。つまりは、未知の世界に浸りきっていたのです。

ドキュメンタリー映画

動いている庭

The Garden in Movement

澤崎賢一監督のドキュメンタリー映画《動いている庭》は、ジル・クレマン氏が連続講演会にあわせて日本各地を訪れたときのようすと、フランス中部の自邸の庭を手入れする姿を記録した民族誌的な映像作品である。第8回恵比寿映像祭でプレミア上映されたのを皮切りに国内外の映画館で順次上映されている。この映画のパンフレットのためにクレマン氏が寄せた言葉をここに再録する。

2016年｜日本・フランス｜85分｜HD｜日本語／フランス語字幕
出演：ジル・クレマン、山内 朋樹、エマニュエル・マレス ほか

監督・撮影・編集・製作：澤崎 賢一
企画／製作／日仏字幕：エマニュエル・マレス
カラリスト：苅谷 昌江　撮影協力：矢野原 佑史
音響調整：倉貫 雅矢　アドバイザー：山内 朋樹
フライヤー／カタログ デザイン：和出 伸一

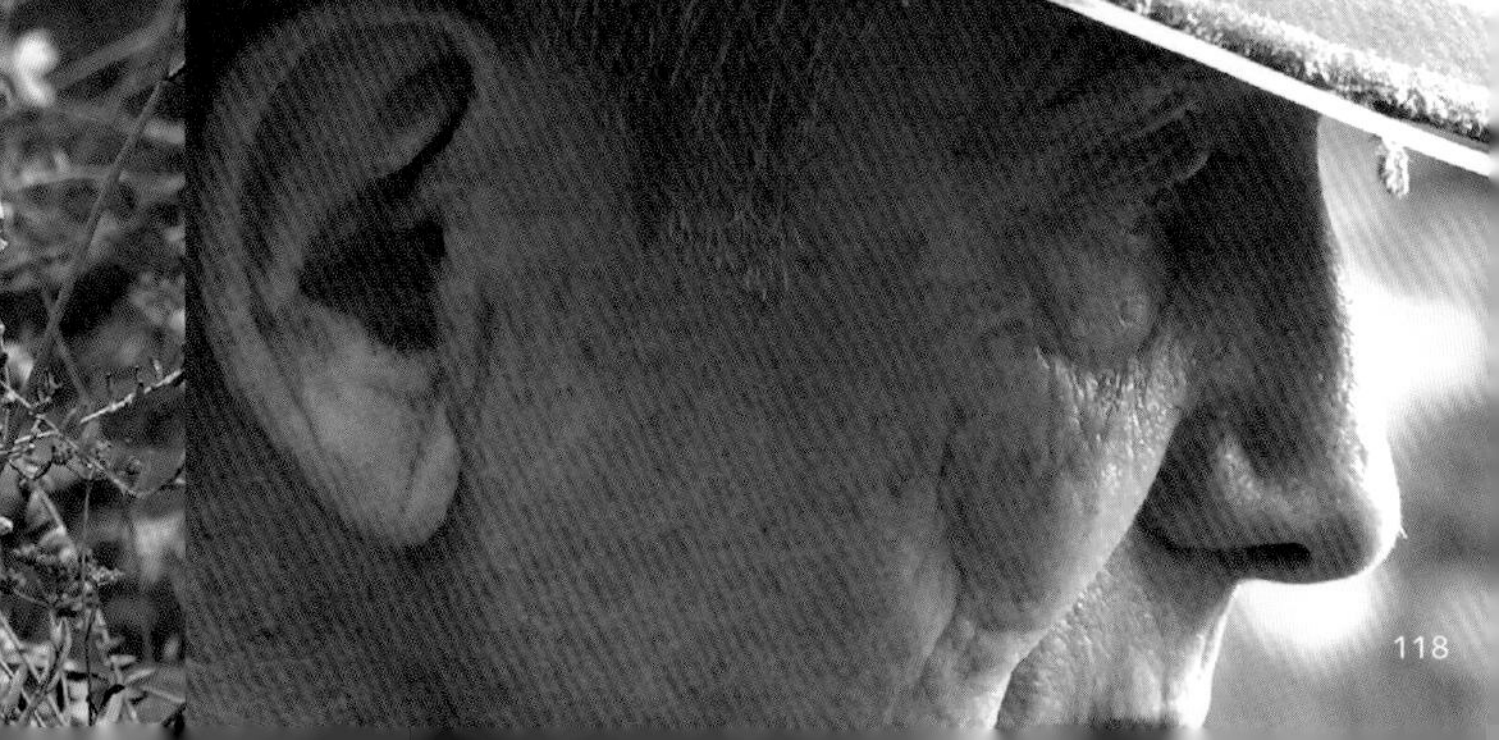

書物や映像から見知ったことを、私は慌てて忘れようとしました。それらは世界に流布した、日本について講じるものでしたが、むしろ私はいまこのときを生きたのです。この未知なる世界を愛し、そこに私自身を見いだしたのです。庭師としての私ではなく――日本庭園の実務は体験しませんでしたので――、自然に直面した人間としての私を。

仏教寺院の庭に神道の祭壇がある、それは私の着想を確信に変えました。人間社会における父祖伝来のアニミズムは、理性の襲来に押しつぶされてしまうことはないだろうということです。このことに私は安堵しました。

遠近の分割にしたがって捉えられた風景――里山、奥山――は、人間の領分と精霊の領分とをつくりだしており、後者はマダガスカルの「ファディ」[*1]あるいはバリの「レヤック」[*2]といった空間を想起させます。それらは、精霊や自由な生き物たちに満たされた自然だけが表現しうる領域であり、ここには狸たちや猪たちが、そして奈良に訪ねたときに青信号で道路を渡っていた鹿たちが住まうのです。

冬の終わりには白かった日本の庭の芝生も、ヨーロッパの庭の芝生が太陽に晒され、色褪せてくる頃には緑になるでしょう。このことも、イギリスの青々とした下草だけが庭に許される唯一のモデルではないと、私を励ましてくれました。

それに庭師たちの風格あるたたずまい、自然な気高さ、その技量、彼らの役割にたいする自信と的確な対応は、日本の庭仕事が地面を「綺麗にする」ための清掃作業員の職務ではなく、草木がどのように成長するかを知悉した学者の仕事だということを示しているでしょう。

そのあいだ、賢一はカメラをまわしていました。さりげなく、にこやかに、どんな振る舞いをも尊重しながら、日本の行く先々で私が驚いて目をとめたもの、私の「谷の庭」でこの両手が扱ったもの、そのすべてをとらえようとするかのようでした。

そんな彼の存在は温かな思い出となっています。彼は映像を撮って、サイバースペースの気まぐれに委ねるためにやってきたのではありません。そうではなく、彼は伝えるためにそこにいたのです。地に足のついた、詩的な物語の芸術を。

(山内朋樹訳)

2016年 5月20日
ジル・クレマン

ドキュメンタリー映画《動いている庭》パンフレットより転載

*1 マダガスカルのタブー。
*2 バリ島に伝わる悪霊、魔女。

編集後記

エマニュエル・マレス

パリ、リヨン、リール、レイヨル＝カナデル＝シュル＝メール、サン＝ナゼール、サンテルブラン、クルーズ県、アルデシュ地方、リムーザン地方。ソウェト、ブリスベン、ホーチミン、クリチバ、モントリオール。アメリカとメキシコ、北朝鮮と韓国、イスラエルとパレスチナ。アルダブラ島、バリ島、モーリシャス島、レユニオン島、カナリア諸島、日本列島……。これは、本書にみられる主な地名である。

バイカルハナウド、ビロードモウズイカ、グンネラ、サラセニア、イラクサ、トウダイグサ、ベンケイソウ、ハイコウリンタンポポ、チカラシバ、ナピアグラス、ススキ。リンゴの木、コナラ、コルクガシ、ヤマナラシ、ナンキョクブナ、タンバラコク、モンキーポッド、カツラ、イチョウ……。これは、本書にみられる主な植物の名前である。

もぐら、ヘビ、ウシ、七面鳥、ドードー鳥、シカ、タテガミオオカミ、ゾウ、ワニ、カメ。トンボ、ベニモンマダラ、グリーン・ヘッド・アント、オサムシ、コガネムシ、フンコロガシ……。これは、本書にみられる主な動物や昆虫の名前である。

これらの言葉はいずれもジル・クレマンの庭園やその思想と深い関係をもつ重要なキーワードである。が、ここに書き並べたところで、この本の趣旨が本当に伝わるのだろうか。逆に、混乱を招くのかもしれない。文脈から切り離されたら、現実味のない地名や難しい専門用語の羅列にしか見えないだろう。「フランス」と「庭師」という言葉で一般的に連想されるものとはかけ離れたイメージ。多種多様というより雑然紛然、複雑でわかりにくい印象を与える。まとまりも統一感もない、カオス状態である。

この混乱はしかし、ジル・クレマンの庭を初めて訪れた時の驚きに近い。夏は草ぼうぼうでなにがなんだかさっぱりわからない。都会の空き地に「雑草」や「外来種」など と一般的に呼ばれる草花が溢れんばかりに、無秩序に生い茂っているような風景。一方で冬になれば、その茂みは寒々しい風景に一変する。あるがままの生命のサイクルがそこに繰り広げられていると言えるかもしれないが、作者の意図は容易によみとれない。これは平面幾何学・左右対称・噴水・トピアリー・花壇などのような約束事はない。これは本当にフランス人の庭師がつくった庭なのかと疑われる。そもそも、これは本当に「庭」と呼んでいいのか、という疑問までわいてくる。原理がわからないと、その風景は人間によってつくられ、手入れされているということにすら気がつかないような、まとまりも統一感もない、カオス状態である。

クレマンの庭は一見して理解しづらいところがある。その中に足を踏み入れた人は皆、未知なもの、予期せぬもの、理解できないものに遭遇した時の驚怖と同時に、新しい発見や閃きがあった時の驚嘆も覚えるのであろう。じっくり観察すれば、そこには必ず驚きと感動が待っている。

日本で過ごした10日間を振り返った時に「すべてが驚きであった」と打ち明けるほど、クレマン本人にとっても驚きがすべての始まりである。自邸の「谷の庭」で観察した植物の動きが「動いている庭」の始まり。旅先で出くわした生物の混淆が「地球という庭」の始まり。また、フランス中部のリムーザン地方での植生調査をきっかけとした風景の観察が「第三風景」の始まり。クレマンは鋭い観察から生まれた驚きと感動に基づいて思考を展開し、またそれを実践に移す、つまり庭をつくることによって私たちに驚きと感動を与えてくれる。そして、その刺激が我々の庭の見方、世界の見方を覆すことになる。

クレマンの思想の核心をなす三つの概念「動いている庭」「地球という庭」「第三風景」を紹介するのが、本書の趣旨であり、目的でもある。そのために、フランスから南米、東南アジアから日本まで旅をすることになる。そのために、危険外来種に分類されるバイカルハナウド、毒性をもつイラクサ、倒れたリンゴの木やコナラなどに出会うことに

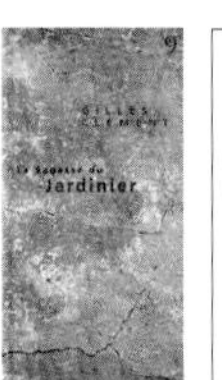
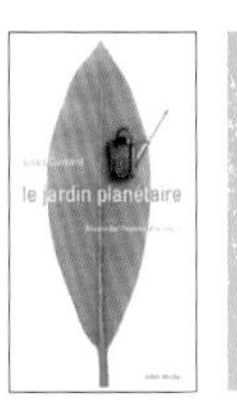

なる。そのために、庭の地下でトンネルを掘ることから害獣扱いされるもぐら、準絶滅危惧種としてレッドリストに指定されているタテガミオオカミなどの生息生育環境について考えることになる。

繰り返しになるが、これはフランス人の庭師の本ではない。これは旅をする庭師の本である。クレマンの庭園とその思想は、○○様式、○○主義、○○派などのような範疇に嵌めることは不可能である。それは自然と人間の根本的な関係を問いなおす試みである。無論、それは庭師だけの問題ではない。現在地球に生きる全人類が考えるべきことである。この本が多くの人の手に届き、驚きと感動、そして刺激と閃きをお届けすることを願うばかりだ。

■ ■ ■

クレマンは庭師でありながら、ランドスケープ・デザイナー、植物学者、昆虫学者などの肩書きをあわせもつ。一方で、作家の顔もある。じつは、つくった庭の数と同じくらいか、もしかしたらさらに多くの著作を公刊している。エッセイ、マニフェスト、作品集、展示のカタログ、小説などとその形も内容も様々である。それらはまたイタリア語、中国語、韓国語、日本語などにも翻訳されている。しかし、本書は既刊の著作の翻訳ではなく、2015年に日本で開催された「ジル・クレマン連続講演会」の記録という、まったくオリジナルな企画である。クレマンがこれまで日本人に向けて語った言葉を収録した本である。

2015年2月にクレマンの代表作『動いている庭』がみすず書房から初めて日本語で出版されたと同時に、総合地球環境学研究所主催で「ジル・クレマン連続講演会」が開催された。編者は、総合地球環境学研究所の寺田匡宏、『動いている庭』の訳者山内朋樹、みすず書房の小川純子の各氏と一緒にクレマンの来日を準備し、東京と京都で合計3回の講演会を企画した。当時の日本においては、クレマンの思想も、その庭園もほとんど知られていなかったが、各講演会は驚くほどの反響を呼んだ。そして、一年後には「動

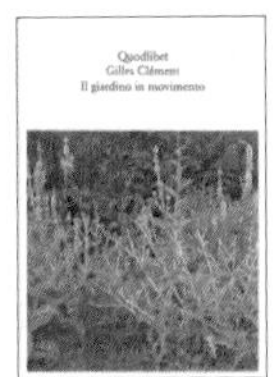

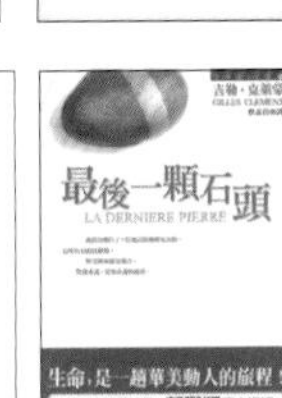

いている庭」というテーマで第8回恵比寿映像祭（東京都写真美術館主催）が東京で開かれ、また同名のドキュメンタリー映画（澤崎賢一監督）もそこで初めて上映された。

わずか2年間で本の出版、連続講演会や第8回恵比寿映像祭の開催、そしてドキュメンタリー映画の作成……。不思議なくらいに物事がトントン拍子に運んだ。いずれも予期せぬ展開であり、予期せぬ驚きであった。それからが長い。講演録を本にしたいと思ってすぐにクレマンの諒解を得て動き始めたものの、その思いが形になるまでに予想以上の時間がかかった。まずは一人でテープ起こしと編集作業を黙々と推し進めた。

連続講演会を企画した時は、各会場に合わせてテーマを設定した。第1回、東京の日仏会館では「都市のビオロジー」と題して、大都会の空き地や放棄地を自然多様性の保護地区として見なおす試み、クレマンの「第三風景」を紹介することにした。第2回は、会場である京都の総合地球環境学研究所の名前とミッションに因んで「地球という庭」というクレマンの概念を導入し、そして最後の第3回、アンスティチュ・フランセ関西―京都では「庭の形が生まれるとき」というタイトルでクレマンの思想の原点「動いている庭」に戻った。それは、数え切れないほどの名園を生み出した京都という場所にふさわしいテーマとも思ったからだ。しかし、本をつくるに当たって、つまり活字のテキストという新しい時空間をつくるためには、連続講演会の順番をそのまま守るより、クレマンの思想の展開にしたがって組みなおしたほうが良いと判断したので「第三風景」「地球という庭」「動いている庭」ではなく、「動いている庭」「地球という庭」「第三風景」という流れになった。連続講演会が終わってから2年後の2017年にクレマンが本文を修正・加筆し、あとがきも寄せてくれた。これでフランス語原稿がようやく完成。さて、次は翻訳だ。

この本は「講演会録」なので、クレマンの文章より、その声の翻訳を試みたかった。できるかぎり彼の落ち着いた口調と美しい言葉遣い、その音楽に寄り添いたいと思って、秋山研吉に日本語訳を依頼した。一語一語の意味にこだわりながらも、クレマン独特の呼吸とその言葉の流れに背かないようにと、苦悩した2年間。2019年の夏には翻訳された原稿とともに、連続講演会や第8回恵比寿映像祭などに携わった寺田匡宏、山内朋樹、澤崎賢一、田坂博子のテキストも揃った。クレマンの思想と実践は地域と領域を横断し、普遍性をもつことを証明してくれる、貴重な証言である。

最後の課題は本づくり、クレマンの言葉に形を与えること。カバーデザインや講演にまつわる資料のレイアウトは何の迷いもなく、連続講演会やドキュメンタリー映画のチラシ、ポスター、パンフレットなどを手がけた象灯舎の和出伸一に頼んだ。これまでのデザインを尊重しながらも、ただ単に併置しない、この本独自の雰囲気を創造するのが、また新たな挑戦となり、クレマンの世界の新たな表現となった。

本文のレイアウトは綴水社の上瀬奈緒子に託した。この本は華やかな庭園の写真集でもなければ、堅苦しい造園の専門書でもない。クレマンの「講演会録」なので、臨場感溢れるものをつくるために文章と図版（スライド）との相互関係に細心の注意をはらった。読者がこの本を読みながら、クレマンの講演会に参加しているような気分を味わえるなら、編集者として冥利に尽きる。

この本をお届けすることができるのは、なんと言っても辛抱強い協力者がたくさんいたからだ。ここに一人ひとりの名前を書き上げることはできないが、この場を借りて改めて感謝の意を表したい。最後に特筆したいのは「ジル・クレマン連続講演会」を主催した総合地球環境学研究所、共催の日仏会館、アンスティチュ・フランセ関西―京都、みすず書房である。連続講演会がなければ、この本をつくる夢すらみることがなかった。そして、あいり出版の石黒憲一の理解とサポートがあったからこそ、この企画がようやく日の目をみた。

……あれから6年。クレマンが日本でまいた種子がいろんなタイミングで、いろんな場所で、そしていろんな形で芽を出している。どんな庭になるのだろう。

auteur

Gilles Clément　ジル・クレマン

■著者：1943年生まれ。庭師、ランドスケープ・デザイナー、生態学者、植物学者、昆虫学者、作家など、数多くの肩書きをあわせもつ。ヴェルサイユ国立高等造園学校名誉教授。代表的な庭や公園にアンドレ・シトロエン公園（パリ）、アンリ・マティス公園（リール）、レイヨルの園（レイヨル＝カナデル＝シュル＝メール）などがある。造園学の領域を超えた執筆活動や展示などを行なうことで一般に知られている。2015年に主著“*Le jardin en mouvement*”が日本で出版（山内朋樹訳『動いている庭』みすず書房）されたのに合わせて開催された「ジル・クレマン連続講演会」（総合地球環境学研究所主催）をきっかけに初来日。

éditeur

Emmanuel Marès　エマニュエル・マレス

■編者：1978年生まれ。工学博士、専門は日本建築史・日本庭園史。現在は京都産業大学文化学部准教授、奈良文化財研究所客員研究員。日本庭園史学の研究を進めながら「ジル・クレマン連続講演会」の企画やドキュメンタリー映画《動いている庭》の制作に携わるなど、日仏の文化交流に尽力している。主著に『縁側から庭へ』（あいり出版、2014年）、編集に和英対訳のシリーズ『京の庭の巨匠たち』（京都通信社、2007-2010年）などがある。

traducteur

Kenkichi Akiyama　秋山　研吉

■訳者：1974年生まれ。1997年自由学園卒業。1998年から2000年にフランス留学。外国語の辞典・学習書を専門とする編集プロダクション勤務を経て、現在、翻訳者・校正者。翻訳に、『教室へ』（フランソワ・ベゴドー著、早川書房、2008年）。校正者としては、思想・哲学を中心とした学芸書を多く手がけている。

ジル・クレマン連続講演会録
庭師と旅人──「動いている庭」から「第三風景」へ

2021年3月15日　発行
定価はカバーに表示しています。

著者　ジル・クレマン
編者　エマニュエル・マレス
訳者　秋山　研吉

装丁／前付けおよび「連続講演会後の展開」制作　和出伸一（象灯舎）
本文デザイン制作　上瀬奈緒子（綴水社）

発行所　（株）あいり出版
〒600-8436　京都市下京区室町通松原下る元両替町259-1　ベラジオ五条烏丸305
電話／FAX　075-344-4505
http://airpub.jp/

発行者　石黒憲一

印刷／製本　株式会社ティ・プラス
 ISBN978-4-86555-085-6　C0070　Printed in Japan